魏炜◎主编

娓娓道来

给刚刚迈入大学的你

北京师范大学出版集团
BEIJING NORMAL UNIVERSITY PUBLISHING GROUP
北京师范大学出版社

图书在版编目(CIP)数据

娓娓道来：给刚刚迈入大学的你 / 魏炜主编. —北京：北京师范大学出版社，2024.7. --ISBN 978-7-303-29991-1

Ⅰ. G641

中国国家版本馆 CIP 数据核字第 2024QN0432 号

出版发行：北京师范大学出版社 www.bnupg.com
　　　　　北京市西城区新街口外大街 12-3 号
　　　　　邮政编码：100088
印　　刷：天津市宝文印务有限公司
经　　销：全国新华书店
开　　本：787 mm×1092 mm　1/32
印　　张：9.375
字　　数：180 千字
版　　次：2024 年 7 月第 1 版
印　　次：2024 年 7 月第 1 次印刷
定　　价：36.00 元

策划编辑：谭苗苗　　　　　责任编辑：曾慧楠
美术编辑：迟　鑫　　　　　装帧设计：迟　鑫
责任校对：陈　民　　　　　责任印制：迟　鑫

娓娓道来

　　1999 年 9 月，我进入北京师范大学数学系开始我的大学生活，这里是我一直学习工作的地方，也是我梦想开始的地方。师大的土地上承载着我无数的期待，也记载着我青葱岁月的故事和足迹。每每回忆起二十多年前和同学们意气风发地学习，回忆起工作后和学生在一起的点点滴滴，和志同道合的战友们并肩战斗的日子，心里总是充满无限的温暖。茶余饭后和系里的老师讲起这些陈年往事，总是会聊到一些很适合与同学们分享的学习和生活经验。他们总说希望我能够把这些记录下来受益于更多的学子，让他们在大学里成为"有理想、敢担当、能吃苦、肯奋斗的新时代好青年"，同时能把"数学人"的质朴钻研精神传承下去，于是在 2021 年 12 月 21 日"娓娓道来"以短文和声音播客的形式上线了，经过 70 余期作品的沉淀，本书正式推出。在此，特别感谢北京师范大学出版社和数学科学学院的老师、学工同仁、同学们、校友们的无私支持，感谢陈瑜、张润、王子灏三位同学为本书绘制的线图。希望本书的出版能成为帮助读者们提升思想认识、专业学习、心理健康和生涯发展的指南。书如其名，娓娓道来，每一篇故事都有主人公成长的经历和缩影，希望读者们能够有所启发，不忘初心，不断前行，在实现人生自我价值的道路上披荆斩棘，向阳而生。

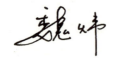

序 数学与梦想

在人类文明的长河中，数学是一颗璀璨的星星，照耀着人类智慧的前行道路。然而，数学不仅仅是一门学科，它还代表了一种深沉的思维方式和一种追求无限可能的梦想。

数学，作为一门博大精深的学科，存在于我们日常生活的方方面面，从简单的计数到复杂的物理定律，无不与数学紧密相连。但是，数学究竟是什么？瑞士数学家波莱尔曾说过，数学是我们确切知道我们在说什么，并肯定我们说的是否对的唯一一门科学。比尔·盖茨推荐的书中有言：数学是一门告诉我们"如何做才不会犯错"的科学，是经年累月的努力、争论所锤炼出来的。总的来说，数学是告诉你，你在说（做）什么，为什么这么说（做），以及未来你将做什么的一门学科。数学是抽象于现实而后应用于现实的学科。首先，数学家从现实中抽象出数学，得到数量与数量关系、图形与图形关系等。因此，数学具有一般性，学习过数学的人抽象能力强。其次，数学家从抽象出的数学知识推理得到命题并且验证。因此，数学具有严谨性，学习过数学的人推理能力强。最后，数学家利用数学知识建立模型，用数学的语言讲述现实世界的故事。因此，数学具有应用性，学习过数学的人会一般性思考。

数学一个肩膀挑着个人的前途，一个肩膀挑着祖国的未来。对个人而言，扎实的数学基础有助于个人在各个领域取得引人瞩目的成就。国际数学大师陈省身教授在 1985 年为北京师范大学数学系的题词"百年树人，数学为先"说明了数学的重要性。首枚诺贝尔奖章获得者伦琴（1901 年）曾言：一个伟大的科学家需要的基本素质是什么？第一是数学，第二是数学，第三还是数学。诺贝尔奖虽未设数学奖，但获得诺贝尔奖的数学家却层出不穷。马克斯•玻恩因在量子力学领域对波函数的统计学诠释获物理学奖（1954 年）；约翰•波普因发展了量子化学中的计算方法获化学奖

(1985年)；阿兰·柯马克因创立计算机X射线断层成像(CT)的数学理论获生理学或医学奖(1979年)；伯特兰·罗素因在众多重要作品中捍卫人道主义理想和思想自由获文学奖(1950年)；莱纳斯·鲍林因反对核弹在地面测试的行动获和平奖(1962年)。此外，具有数学背景的人在科研之外领域也能取得傲人的成绩，数学的结果在其他领域也有广泛的应用。世界著名数学家詹姆斯·西蒙斯进军金融业，建立私人对冲基金投资公司，以235亿美元财富位列《2020福布斯美国富豪榜》第23位。毕业于北京师范大学数学系的刘允成为谷歌全球副总裁、大中华区总经理，2014年担任奇虎360公司首席商务官。未来科学大奖"数学与计算机科学奖"获得者彭实戈院士在倒向随机微分方程理论、非线性Feynman-Kac公式和非线性数学期望理论中的开创性贡献，已被公认为研究金融市场衍生证券定价理论的基础工具，诺贝尔经济学奖获得者的公式是他的模型的特例。对国家而言，数学实力往往体现着国家实力。数学是自然科学的基础，也是重大技术创新发展的基础，几乎所有的重大发现都与数学的发展与进步相关。数学已成为航空航天、国防安全、生物医药、信息、能源、海洋、人工智能、先进制造等领域不可或缺的重要支撑。华罗庚曾说过无处不用数学。张恭庆院士在所作的《世界强国与数学强国》中写道：发达国家常常将保持在数学研究方面的领先地位作为他们的战略需求。《2025 年的数学科学》中也指出：数学攸关一国经济社会乃至国家安全的现实利益。

李大潜院士在《为什么要学数学？因为这是一场战略性的投资》一文中写道：数学是一类常青的知识、数学是一种科学的语言、数学是一个有力的工具、数学是一个共同的基础、数学是一门重要的科学、数学是一门关键的技术、数学是一种先进的文化、数学是一类独特的美学。本科期间学数学一定是正确的选择。学数学的学生可以做数学研究、做交叉学科研究、做中学教师……无论是选择什么，都能拥有光明的未来。

目 录

第1章

行者常至，为者常成

01

严士健先生给2020届毕业生的寄语

本铎金声一百年

严士健先生在数论、代数、概率论和数学教育等方面的科研和教学工作都做出了重要贡献，1952 年毕业于北京师范大学数学系并留校。本文系严士健先生给 2020 届北京师范大学数学科学学院毕业生的寄语。

同学们，今天我在这里祝贺数学科学学院 2020 届同学完成了本科学业，即将走上工作岗位，为祖国建设作贡献。会议的组织者邀我做个发言。我作为你们的一个大师兄，愿意谈谈在数学事业上工作近 70 年的一点体验，作为临别赠言贡献给你们，希望能对你们今后的工作和生活有所帮助。

我今天首先要特别祝贺同学们的是：你们在大学期间，选择了数学专业。系统地学习了数学的基本理论、知识和技能，对数学有了相当的修养和见解。这让你们将来一辈子在工作上有一个好的基础，帮助你们在党的领导下为实现"两个一百年"奋斗目标和实现中华民族伟大复兴中克服困难、增进才智，很好地完成任务。

数学发展到现代，不仅在各门自然科学中有用，同时在社会科学的很多学科中也有直接应用，而且越来越影响深刻、影响深远。甚至有些学科虽然不直接应用数学，可数学的思维方式在它们的发展和运用中也会起极其重要的作用，能够帮助有关学科或项目提出向前探索和解决问题的思路。在当代社会已经达到这种程度：一个国家的数学水平，直接反映这个国家的综合国力水平。同学们选择数学作为自己终身事业的基础，而且即将完成最重要阶段的学业，的确值得庆贺！

同学们是师范大学的数学毕业生，照例应该是去担任中学数学教师，或者从事其他与数学有关的工作。你们的专业在这里大有用武之地。你们培养的是国家未来的栋梁和杰出人才，你们通过教学帮助他们打好坚实的基础。在这里，对于什么是"坚实的基础"和怎样才能够做到，今天我想简单地谈点看法并向你们提一点建议。我觉得中学生的坚实基础最好包括三方面：第一，基础知识和基本技能：要熟练、严格、灵活，还要弄通思路和有创新意识。第二，了解数学与其他学科的联系和应用概况，还要有应用意识。第三，在日常生活或工作中遇到某些问题时，能够有意识或尝试用数学的思维方式来分析、思考和解决。上面所说的第一方面的要求比一般的看法略高。第二和第三两方面的要求，一般的看法是不包括在坚实的基础中的。因为我觉得如果学生的成绩能达到这种程度，他们就会觉得数学真正是自己的本领，不会再讨厌数学或觉得太难，就会产生喜爱之情，而且数学会对他们今后大有益处。对你们的建议就是检查一下你们自己对你所学的数学能否经常做到以上三点。我想通常是很难经常做到(我也很难经常做到)，但是要经常有意识地要求自己，所以我建议同学们将来从事教学的时候，经常抱着学习的态度，严格要求自己，在这些方面狠下功夫，成长为一位优秀的人民数学教师。华罗庚先生曾经不止一次向青年表示要读好一本书，先要把它读厚，然后再把它读薄。就是说要精读一本数学书，总是要先把定义、定理等具体内容的细节弄清楚，做一批习题等，这就把书读厚了；所谓读薄，就要在这个基础上提纲挈领地分析书中的问题是怎样提出和如何解决的，其中有哪些解决的方法、要点、结构等，还要看一看哪些是真正新学到的，这就把书读薄了。我们学专业数学，就应该往这个方向努力。其实，我做得也不好，现在虽然老了，学习时还应该往这方向努力。一个中学数学老师对于学生的影响是很深刻的，所以名师的门下经常出高徒。钱学森成名以后还怀念他在北师大附中傅种孙先生那里学到"什么是严格"（傅先生是对我们数学系有重要贡献的老系主任）。北京四中的周长生老师向我谈过，他经常向学生强调数学的思维方式很重要。他有一个学生出国留学后从事化学专业相关工作，颇有成就，回来向周老师说，他的成功得益于先生强调运用数学思维方式（这算是一个没有直接应用，但是数学思维方式起作用的例子）。

如果就业情况不理想，担任其他行业的工作也没有关系。因为数学的基本训练使得我们具有比较容易学习其他知识的潜力，而且就像前面所说：数学往往还在很多行业中有用，即便没有直接应用，它的思维方式也会有用，所以从数学转到其他行业也没有太大的困难，而且不一定是坏事，甚至是福音。我们看到，改革开放后不少数学系的本科毕业生毕业后转行考其他专业的研究生，甚至很多人事先就做这样的计划、安排。奥妙就在于此。20世纪60年代，国家调整巩固时期，我们系有一对夫妇调到首都经贸大学，后来他们双双成为经济方面有名气的博士生导师。这些情况也是我在前面主张对中学生的数学学习要求高一点的理由。

总之，我殷切地希望和祝福同学们珍惜你们经过磨练而得到的数学基础；从这里出发，在工作中一边苦干，一边认真学习、研究，成为专家、骨干，成为实现祖国"两个一百年"奋斗目标和中华民族伟大复兴的英勇战士。

02

陈木法先生给女儿的一封信

陈木法先生是中国科学院院士、北京师范大学数学科学学院教授。他女儿在美国伊利诺伊大学通过博士生资格考试、开始做博士论文时，陈先生给女儿写了一封长信，系统地总结和传授了他做科研工作几十年的经验、体会。现征得陈先生的同意，将信中核心内容印发，以供广大同学借鉴、参考，我们相信从中可以学到许多做人、做学问的实在道理。

（一）方向与选题

这当然是每一个研究者所面临的首要问题。许多人因为选错了专业而白白辛苦了一生。我在这方面花费的精力差不多是整个研究工作的四分之一到三分之一。

好方向的基本要求是根子要正，即背景清楚，有生命力。需具备三要素之一：或在本学科中有重要地位，或与其他学科有重要联系，或有很多应用。并非热门的方向都重要。有不少学科，其热门方向的寿命很短，三年前的热门课题，现在再做可能连发表的地方都没有。20 世纪 80 年代，在我所从事的数学研究领域，在概率论方面，曾有几个很热门的方向，我曾投入几年精力。幸运的是我并未完全投入，因为现在已渐渐冷下来了。回想这段历程，感受和教益极深。

选方向的方法之一是向大师学习。学习他们的著作，并力争加以改进。这样做不仅可以锻炼自己的能力和才干，也能了解他们的选题手法，有诸多益处。能在大师身边学习，更是千载难逢的好机会。许许多多的东西，在书本上是学不到的。这些人极少写如何想问题、如何做数学的文章，能多听听他们的课就更好了，言传身教可获真传。绝大多数人都是在老师的指导下才走上研究道路的。完全的无师自通者极为稀少。

多年来，我逐渐形成了选题三原则。一是要别人听了觉得此题重要，值得做。二是适合于学生的特点和擅长：有人善于联想，有人善于攻坚。须知给学生的选题可能影响学生的一生，因而我总是慎之又慎。

三是有利于我们的集体。为一个学生的选题,我常需要三个月的时间,可见多么艰难。由老师选题,开始时学生往往不能理解为什么要做这种题,缺乏非做出来不可的积极性,常需较长时间之后才能真正喜欢上老师所提供的方向。偶尔由学生自己找一些题目,然后我告诉他们哪个可做。因为开始时他们往往不知其价值和深浅。

(二)胆识与信心

"识"是指选题的判断力,这需要长期的培养和训练,需要一种数学感觉。古人云:熟读唐诗三百首,不会作诗也会吟。这里一方面是说熟能生巧,此乃基本功(后面再细说)。另一方面是指见多识广。经验多了,辨别能力会逐步提高。既要识别好课题,又要能看出是否有条件解决。

"胆"是指胆量和勇气。我常感到自己在这方面严重不足,表现是从未向世界级难题发动攻击。大约1977年,侯振廷老师曾跟我说过,要成"大家"需作大范围分析(即整体微分几何)。当年自己觉得是高不可攀,想不到最近还是在这方面做出成果。从这里,我们看出科学研究中成功的偶然性，并不是事先可完全看清楚的。我们的成功使我感受到一种深深的"美"。我体会胆量可以再大一些，这主要来自经验。差不多所有做出来的东西都很简单，这说明"简单"乃是本来的属性，是我们没有真正理解，误认为太复杂了。

谚语"艺高人胆大，胆大艺更高"，已表达了胆量与功夫之间的辩证关系。我觉得十分贴切。只是想表达一句：即使是艺不高者，也无妨把胆量放大一些，益处甚多。我们有一位硕士生来自很小的学校，基础不算好。当初我曾为他能否完成学业捏一把汗。但到目前为止，他们班 30 名学生中，数他的研究成果最出色。他的可贵之处就在于肯钻研，坚持不懈。讲到我个人与数学结下的不解之缘，也非一朝一夕之功。开始时是为补救算术之差，接着是为学好为报答父母、兄弟、姐妹的培养之恩，到后来懂得了为国家、为民族的责任，逐步坚定信念。经历了社会变迁的风风雨雨，多少明白一点人生的价值和拼搏的意义。什么荣誉、地位，曾经有所激动，也渐渐失色和淡漠，直到完成最近的这批工作，才多少有些解脱之感。觉得毕生的奋斗没有徒劳，终获以美好的回报。"努力在我，评价在人"。已尽了心力，别人怎么看、怎么说都随人家便了。

人们常说现代生活的艰难（当学生时对此不会有多少体会，因为学生的生活极为单纯）。在激烈的竞争中求生存、求发展，第一靠实力，而实力需要逐日地拼搏，如同运动员的训练。其次靠效率，大家拥有的时间一样多，只有高效率才可能超过别人。所有一切都来自心中的理想。心中有颗红太阳，必然活得有朝气。有了远大抱负，自有超常毅力，又可超脱诸多世俗。实现理想的主要措施之一应当是周密的计划。它既设计未来，又鞭策我们每天的进取，实在是必不可缺。

（三）基础与训练

作为初起步者，无论做什么题目，都会觉得难，觉得无从着手。因为都缺乏必要的准备和积累。分析我们所遇到的各种困难，无非是这两个原因：一是基础不够，二是你不熟悉它、因而怕它。对于前者，老老实实去补基础就是了。对于后者，人们经常不能自觉地认识和处理。在老师身边做研究，因为有后台和退路，顾虑少一些，也没有多少别的选择，自然也就熬过来了。对于缺乏老师指导和好环境的人，要做到不畏艰难就非常不容易了。

所谓基础，分为专业基础和课题基础两部分。我们经常遇到这一问题，因为每开一个新题目，就得阅读一批文献。只不过越走越快一些，并不是一辈子只打基础。在基础问题上，常有专与博之争论，究竟专一些好还是博一些好。我的看法是以专为主，能博则博之，量力而为。还是要在一个专业、一个课题上搞深、搞透，再转到别的地方。有了点上的成功经验再向面上推广，叫作由点到面，从点开始。点即根据地，总要有自己的根据地。

社会需要的首先是各种行家而不是杂家，人们的认识只能从个别到一般，这些说明要以专为主的道理。然而真正的专离不开博，而以一定的博为基础。正如人们所说："功夫全在功夫之外。"例如一个人的品德，对于做学问有极大的影响，很难想象一个品德低劣的人可以做好学问。专与博是一对孪生姐妹，能两者兼备，便是博大精深之境界。

　　每一行当都有自己的真功夫。如何练功？那就要做到"拳不离手，曲不离口"。勤于思考，勤于动手，乃研究者之美德。不可轻视点滴的积累。在研究中，所遇到的困难往往就在于小问题之中。所谓眼高手低者正是在这种地方摔跤。平时遇到什么问题，听了什么演讲，都要花点时间反复想想，做些解剖工作。许多演讲都是很好的，常是研究者多年的心得，要能够抓住精华，为我所用，实在是一本万利的事。如果听完就完了，就变成浪费时间了。在我们的知识结构中，从演讲中学到的占相当比例。当然，年轻同志听演讲不易跟上，但还是要尽力去追，尽力去搞懂、消化。日积月累，常会有恍然大悟之感。另外，与同行的讨论也是一种学习的极好方式，许多东西经内行人一点，一通百通；自己看，花费很大力气也不得要领。这就是从师的好处。学什么课程的好办法之一是教一次这门课，可惜并不总有这种机会，但从这个意义上讲，教书是件好事。我常说要站着读，而不是趴着读，即是以研究者的角度看数学而不单是以学生的角度学数学。如同是演员们共同探讨如何演好戏，而不是观众在评戏，不难理解两者之间有诸多重大差别。

每当开始一个新课题的时候，常常会感到无从下手。依我看，最好的办法是从简单入手，从近乎平凡的具体例子开始。掌握尽可能多的例子，才能有可靠的背景，不至于空洞地泛泛而谈，免于引入胡思乱想的歧途。在简单情形多下些功夫，表面上慢了，太特殊了，但实际上常可产生出（或归纳出）好的、正确的思路，因而加快了研究的步伐。前几天，我还遇到有位同行所做的一个"漂亮定理"，先前曾给我讲过，但我总觉得不对并且也举出了一些反例，见到文稿后，经一两小时核查证明，发现完全错掉。可惜他已花费一年多的时间。当然，每一位同志都有做错的时候，人们也可以从失败中学到许多东西。问题在于若无可靠背景（例子），便会走太多的弯路。我从各种具体的例子中所获得的教益实在太多太多而一言难尽。

有时候实在走投无路了，到其他领域里去走马观花，也可能得到一些启发。如果还是毫无办法，只好放一放，将来有思想闪光的时候再回来。另一做法是正面攻不行走侧面，扫扫外围。至于更多的方法，还得靠你自己去学习和摸索。

(四)写作与演讲

两者都充满艺术，宗旨是要为读者和听众负责。现在，出版业发达(加之有电子通信的革命性变化)，好文章的比例会越来越小。演讲是宣传自己研究成果的主要渠道，对自己的发展有极长远的影响，是每一个人都要认真对待的。

想想看我们是怎么读文章的，先看标题是否与自己的兴趣有关，如是，则看看摘要有何新结果，如对新结果有兴趣，再看看引言或找出有关的新结果。多数人也就到此为止了。只有极少数的人再去看看或认真研讨新结果的证明。由此看出，我们所面对的对象的多少是以标题、摘要、引言、证明为序的。这就是为什么我们总把主要结果尽可能写在前面的道理，也说明哪些部分需多加推敲。这样做，可节省读者大量的精力。

写好文章，对个人的事业极为重要。如果一位读者读了你的一篇好文章，下回再见到你的文章也会想再看看，如果人家读了你的一两篇文章均留下不好的印象，怎么可能再去读你的新作呢？假如你的作品没人看，那么未来如何发展？因此，我对待自己的作品，没有一篇文章的修改少于三遍，总是慎之又慎。记得有人曾说过："一个人交给社会的作品，如果不是最好的，便是一种犯罪行为。"我虽然没能达到这一高度，但从未忘却这一警句。

作品反映人格。从作品中可看出一个人的思想深度、功底的深浅以至性格特征。平时毛躁的人，文章中常有小错。一个思维广阔的人，他的作品常有较大的跨度。一个功底深厚的人，作品中常有深厚的技巧。有思想深度的人，往往三两句话击中要害。阅读优秀的作品，是一种享受。每一个诚实的人，都会充分肯定前人或别人的成绩和贡献，可惜，弄虚作假、盗用别人成果的事比比皆是。我曾经遇到过 4～5 次这种情况，搞得我非常恼火。自然，我不便于写下这些具体的细节。但无论如何，我们必须尽力避免这种错误，更不能盗用别人的成果，不能做这种人！另一方面，也要学会保护自己。通常的做法是：论文被杂志接受之后，再做交流，或者在本行业中，一次发出几十份，让大家都知道这是你完成的。

讲课要看对象。要留心积累经验，逐步掌握讲课的艺术。演讲是类似的，只是更加浓缩。对象可分为20％初级的，60％中等的，20％专门一些的。倘若如此，演讲内容也需适合不同层次的听众的需要，这是指大报告，讨论班专家的比重大得多。论文报告与上述相似，只是侧重于少数结果的介绍。总之，需要严密的组织和精心的安排。

我还是第一次写下这样稍许系统的材料，希望你能够用心去体会并切实加以实践。只有通过反复的实践，才能多少领悟到做学问的真谛。

[文]陈木法

03

姜祖恕教授访谈录

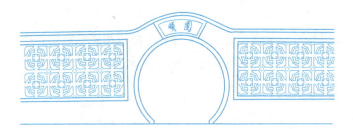

姜祖恕教授 1980 年于明尼苏达大学获得博士学位，主要研究方向为概率论与随机分析，是台湾概率统计学术界代表人物之一。本文系姜祖恕教授的访谈录。

生：老师，请问您是如何确定将概率论作为未来的研究方向？

师：确定研究方向，第一个当然是你的兴趣，看你喜欢什么，但是通常来说喜欢的东西可能很多，不是单一的，那么在这么多喜欢的东西里面要怎么选，我想你要问的是这个问题。回答这个问题，首先要看环境，在这个环境里面，找一个比较好的老师，这个老师首先学问要足够好，然后你跟他相处也很好，他愿意教你，这是第一件重要的事情，科学研究最好不要单独一个人。

生：大家都知道学数学的难度是比较大的，学习过程也相对枯燥，请问支持您坚持数学、研究数学的最大的动力是什么？

师：和前面一样，首先一定要喜欢你要做的东西，有兴趣你才会去做这个事，然后你会碰到很多困难。遇到困难的时候，要看是哪一类的困难，有的困难你可以克服，有的困难不是马上就可以克服。无论碰到哪种困难，千万不要轻易动摇，觉得我要走另一条路可能比较容易，当时就是选错了，考虑现在要不要换，或者觉得我是不是天分不够，或者周围的环境不够好，不想再继续坚持下去，要换一条路走。往往在这种时候最重要的是要坚定，对自己有信心，要懂得坚持。坚持的同时，还要学会寻求老师的帮助、同学的帮助等，利用环境来帮助你去克服这个困难。不要因为看到别的路好像比较好走，所以我就想换一条路，或者是觉得说我这个前途好像不是很好，换一条路可能比较好，千万不要产生这种想法，而是要能够坚持并找一个好的解决办法。找人帮忙不是一件丢人的事情，在学生时代找人帮忙是你的权利，所以碰到问题找老师、找学长或者找前辈，去请他们告诉你怎么做,这个技能非常重要。做什么都会碰到问题,要做好心理准备,甚至碰到的问题可能很大,你需要坚持一段时间,听听老师和同学的意见。

生:老师您刚才提到了向老师和同学寻求帮助,那我想问一下,您觉得在研究数学的过程中自学、教学还有和他人讨论这几个学习方法中哪个比较重要?

师:按照你们的经验你们觉得哪个更重要?

生:我们可能还是自学。

师:学习有天生就会的,有学了就会的,有碰到困难的时候苦读一段才会的。前面两种都很少,大部分都是有了问题苦读一段才会。你问哪一个更重要?我认为有老师教,有人教,这是最重要的。如果没有人教,什么都要自己来,那么走不远,而且很累。最好有一个好老师教你,带你走一段路,这个我觉得非常重要。第二个就是跟同学讨论。最后才是自学,自学是很辛苦的,但是自学确实很重要。

正因为自学是很辛苦的一条路,所以你先不要去自学,先跟老师学,有了问题,跟同学搭档讨论,彼此磨练,彼此激励,这样学得快,学得更加方便。老师没有什么可教的了，同学也没有什么人可以讨论的，那么就只好自学。自学确实很重要。但是我觉得先不要直接走最困难的路，先找走起来比较容易的路，走完了之后，没有路了再自学，我觉得这样比较轻松。数学已经够难了，不要一开始就让自己走到那么困难的地方去，这样很辛苦，走不远。

讨论是一件非常奇妙的事情，有时候你觉得一个东西我会了，我跟别人没什么好讨论的，觉得讨论就是浪费时间。但其实当有同学不会的时候，如果你愿意帮着同学，教他这个问题，教学相长，你也可以从这里面学到东西。讨论很重要，有的时候你比别人强，你教别人一点，有的时候别人给你讲，这个是非常好的学习方式。因此不要把学习搞得那么困难，让自己当独行侠，还要要求自己的功夫比别人都好，不要做这么辛苦的事情。当然在学习了很长时间之后你可能可以这样，但是刚开始的时候要让自己轻松一点。把跟别人讨论当成一个好玩的事情，在讨论中教学相长。

生：您觉得做数学研究最重要的品质应该是

什么?

师:不是说做数学需要什么样的品质,做任何事情都需要品质。在做数学研究这个领域,我觉得首先不要在数学中把自己迷失掉。你做数学研究,同时更重要的是你在做人,在做人上,要下功夫做好,不要说我只做数学研究,先考虑我怎么样做一个快乐健康的人,再来说做数学研究。我认为做数学研究,首先要让自己的身体保持健康,让自己的心态保持健康,然后再去做数学研究。

生:您认为研究天分和勤奋、坚持相比,哪个更重要?

师:天分是老天给的,自己没有什么功劳。你天生聪明,比别人反应快一点,那是你的父母给的,你自己并没有什么功劳。自己可以做的事情就是勤奋,勤奋是可以学的,是可以训练的。一般说来天分当然是需要一点,不能说你完全没有这方面的天赋,就好比一个五音不全的人要去学音乐,这是不太恰当的。但是人的天分比别人各方面都强是很难的事情。所以有一点品质更重要,那就是要坚持。碰到事情的时候，别人读一遍就会了，我没那么厉害，那我读十遍总可以了。勤奋是非常要紧的一件事情，而且勤奋必须是能够坚持到底的勤奋，不能勤奋了一阵之后发现累了就勤奋不下去了，那之前的努力就都白费了。

当你足够勤奋的时候，数学是可以训练的。一开始，你的思路、思考的方式、读书的方式跟数学不是那么契合，不止你，大家都不知道应该怎么学数学，所以这时你可能表述得不好，因为你不知道应该怎么学，不知道学到什么地方就学会，或者需要学多会才叫会，开始搞不清楚，但是久了之后你就会了，当你看到别人的做法、别人的经验告诉你应该怎么学数学，怎么思考数学，怎么想这些数学的问题，那你就是把这个东西学会了。勤奋就战胜了你很多天生不足的地方，这是可以训练的。

生：刚才听了您的讲述，感觉和我的自身经历很符合。因为我是大一新生，刚开始接触，可能就像您说的，有那种茫然的感觉。

师：我们以前读书的时候有很多同学，一开始表现惊人，那个天分高得不得了，数学学得非常好。但过了很久之后你会发现别人也可以慢慢追上，可以赶得上。为什么别人赶得上？是因为一开始他的思路、处理事情的方式、读书的态度都跟数学相吻合，那么他就可以跑得比别人快，但是你在后面慢慢训练好了，勤能补拙，你学会了他的方法之后，你也可以表现得非常好，所以我觉得如果足够勤奋，这些都是可以训练的。

生：我们的大一新生可能还需要这些训练。

师：这需要时间，你不要给自己太少的时间，需要一段时间才能学会这些东西。这就像你学文学跟学科学的方式是不一样的，你不能拿学科学的方法去学文学，同样也不能拿学文学的方式来学科学，这就是两条路。可能你刚开始走的方向跟数学不是那么契合，但是通过训练是可以走得越来越顺畅的。

生：请您回忆一下，您第一次在国际期刊上发表您自己的科研成果是什么样的感受？

师：所有学数学的学生，大概都有一个梦想，就是有一天我能在国际期刊上发表一篇数学论文。不论是硕士生还是博士生，这都是非常令人期待的事情。

我的论文第一次被接受的时候，非常兴奋。噢，我终于可以踏入数学工作的这个领域，我不再是门外汉，我终于进入这个殿堂里面，那时候感觉很好。但是很快，这种很快乐的感觉就不见了，因为发表第一篇文章之后接着就是要发表第二篇，发表文章就开始变成不是那么令人兴奋的事情，而是你的职责、你的义务，必须要做，就没有那么的兴奋，是日常工作非做不可。我第一次是非常高兴，终于可以从看别人写的东西变成别人也要看我写的东西，那种感觉很好。

生：您在发展过程中接受过别人的帮助吗？可以介绍一下对自己很重要的人或者事情。

师：这件事情说来很惭愧。可能是我个人的问题，我在国外碰到很多困难的时候，不太好去找人帮忙。所以我很遗憾，很多问题我觉得如果我当时就去请教老师，请教有经验的人，我会过得愉快很多，我也不会有这么多自己觉得很困难的问题。多年以后我回过头来想，我没有有意识地找别人求助，尤其是一些小问题，这对我来说是一件蛮可惜的事。比如我在学校里碰到的问题，我当时不知道应该学哪些课程比较重要，我应该去找什么样的人讨论，或者我应该去申请哪方面的工作……这些我当初就只是跟同学商量一下就决定了。现在回想起来，这种重要事情我不应该只是跟同学商量，我应该去找比我有经验的人——老师或者是长辈。不管如何，我应该去请教他们的意见，再做决定。这样对我来说以后的路可能走得更平顺一些，很可惜我没有做到这一点。

生：除了数学研究之外，你在生活中有什么其他爱好？

师：我觉得如果学有余力的话，除了数学以外，还要培养一些你对科学方面的学习能力，最好的可能就是物理，或者是生物，你不要只会数学。有这么一句话，应该是说没有物理的数学，是一个瞎子，没有数学的物理，是一个瘸子。意思是说物理可以打开数学家的眼睛，告诉你应该做什么样的问题。数学可以解决在物理中发现的问题，相辅相成非常重要。我不知道你们现在的课程是一个怎么样的设计方式，物理学重不重要？

生：挺重要，我们有两到三个学期都是一直在学物理。

师：哪一方面的物理？

生：主要就是基础物理方面，但不会特别深，然后会做实验。

师：我不知道你们在物理上到底学得有多深，不过到后来我发现物理要懂得很深，真的要懂得很多。你在做问题、找问题、碰到问题时的想法思路，这些都是非常重要的。很可惜的是我们当年在学物理的时候，也都只学了一点，当时总觉得物理处理问题的方法不是那么严格，对学数学的我们来说就很不习惯。数学是要求每一个事情都要讲得很清楚，严格地证明那些定理，没有任何含糊的地方。物理不是这样的，所以我们就觉得物理和我们格格不入。我们对它相当排斥，当然不是每一个人都这样想，但确实会有很多学数学的人会对物理有排斥感。再回想起来这是非常可惜的一件事情，物理真的是很重要，需要多学一点。当然也不只是物理，生物也是很重要的。

在这些领域能把一个问题转化成数学问题的时候，这个领域就对数学来说很有用，它可以刺激数学发展很多新理论、新问题，尤其你在做数学的时候，有时候需要灵感，需要刺激，这时应用科学是非常有帮助的。如果同学学有余力，真的很鼓励你们多去涉及一些力学、热力学、量子力学等知识，不要说他们的这个处理方式我看不惯。你不要认为他这个不好，那个不好，我看不惯。看不惯时你就学学人家的方法，你不一定要跟他一样做，但是心里面尽量不要排斥这些事情，有两个专长是非常有帮助的。

生：请问您在挑选研究生的时候，更看重简历上哪一方面，比如说考试成绩、科研经历还是其他方面？

师：在我看来，一个研究生，当然，功课不要太差，但是重要的是他对于某一些题目能够有一些比较深入的看法。同时这个人的个性非常重要。他要比较开朗，比较能够接受刺激，可以接受失败，这个是非常重要的。其他的东西可以培养，但是这个个性，面对问题、面对挫折的反应不是那么容易培养的。所以我觉得开朗活泼愿意跟别人讨论，跟别人一起想问题，这样的个性是非常重要的。另外一件事情就是，我们最怕一个学生什么都会，但都只会一点，什么都不专。因为他都会一点，你让他做什么他都会一点，但是他都不能钻进去，没有办法深入。

所以如果一个学生他能够表现在某一方面有一些特别的兴趣，学习比较深入的时候，这个特质对于一个将来要做研究的人来说是很重要的。成绩好当然很好，但是如果一个学生他就是成绩好，老师让他做什么，他都做了，老师不让他做，他就不做，这是好学生，这是乖学生。但是做研究的时候，你要做突出的研究，不能只是乖，你要有一点点自己的特性，比如说对某方面有兴趣，那你就要深入，这种特质还是比较重要的。

生：刚才您提到，在学习过程中找到一个兴趣，然后再去深入研究，那您对您的学生，在选择自己未来的研究方向上，有什么建议？

师：选择研究的方向，第一个当然是你喜欢这个方向，但是问题是你喜欢的方向可能有好多个，怎么在众多的方向里面找一个你确定比较喜欢的研究？你们也都知道数学领域也分各门各派，怎么找一个你最喜欢的领域？我想最重要的还是你要能够找到一个领域，这个领域是跟你的个性比较相合，你在这方面可能会有比较大的兴趣。有的人喜欢做计算，有的人喜欢找结构，有的人喜欢做深入的研究，有的人喜欢很广的一个结构、一个架构，每个人都不一样，但你要找一个题目，这个题目是能够有发展的。这个跟其他的产品、其他的领域是能够相关的，不要说我这个领域是可以独立发展的，一定要跟其他的领域相关，然后这个领域应该是对于社会、对于将来都会有影响的，这是基本原则，因为这个问题过于个人化了，不能够有一个一般性的答案。

我碰到过一个很著名的经济学家，我就问他这个领域怎么样？他很明白地跟我说，如果现在有博士生要跟我研究，我不会让他做这个领域，他说我这个领域重要问题已经解决了，你还是可以继续做下去，但是中心的问题解决了之后呢，剩下的问题就是之前的问题，不再有那么重要的分量。那我觉得一个年轻的学者不要再做这方面的问题，因为有些领域某一时间很热门，但是过一些时间可能就没有了，不要被某种因素影响，比如为了学位拿得快或者一时的薪水比较高而去选择这个领域，大家不需要这样。应该去一个跟其他的社会科学、自然科学相关的这种领域。

生：您对处在学业低谷中的学生有什么建议？

师：这个问题很难回答。你做研究一定会在低谷中，恐怕你有一大半时间都在低谷中。你一定要学会怎么在低谷中过活，你要知道这个就是常态，低谷就是常态。我记得有一个很著名的数学家，人家在问他这些问题的时候，他说："噢，我解决这个问题的时候，我好高兴哦！我把它写出来，写好的文章放在旁边，高兴了几个钟头，之后赶快就去找下一个问题。"就是说你即使逃出了这个低谷，过一阵子你又继续往另一个低谷去爬，很多时间都是在低谷，在高峰的时间其实是不多的，所以你要习惯这个低谷。碰到低谷怎么办呢？你把它当成常态，你就不会认为它是低谷，没什么关系，但是怎么样把它当成一个常态，怎么样让你觉得它不会对你造成太大的负面影响？

首先，我很赞成与其他人讨论，尤其当你可以帮助别人解决问题的时候，你常常帮助别人，你自己就会不一样，你的心胸也就不一样。你不会说这个问题是我的问题，我不告诉你，这是你的事情，而应该是我们大家都是在一起学习，我会这个问题我教你，你会这个问题你教我。当你看事情的态度不同时，你这个人就不同。当你人不同的时候，你在低谷的时候你心里想到的就不同，你就会比较容易开阔，比较容易保持乐观的情绪。这个是非常重要的一件事情，绝对不要把自己孤立，或者总是觉得自己有什么特别的才能，觉得我不应该不会做这个问题，别人都会做我不会我不接受，千万不要这样想。

其次，在年轻的时候，体能是很重要的，体育是很重要的，你最好是能够有某一项运动你觉得可以在你心情很低落的时候帮助你缓解，其实运动是强迫你的大脑把一部分功能区关掉，然后把另外一部分打开。运动有这个功效，非常重要，不管是游泳、跑步，还是打球，真的要有一两件运动让你可以在心情不好的时候暂时逃离这个旋涡调整自己。即使在你处于高峰期的时候，研究做得非常顺利的时候，运动也是保持你身体健康很重要的一件事情。

另外一个就是艺术，音乐、美术、文学等都要有点兴趣。不要说我每天做数学，画画、音乐等跟我没什么关系，多培养一些这种兴趣，当你在低谷的时候，有一些事情可以让你跳出来。不要让自己陷在里面出不来，那数学家就很痛苦了。

很多数学家很痛苦，我有很多同事我就觉得他们真的很辛苦，非常努力，人也聪明，但是再聪明、再努力，数学就是没有那么容易让你解决，就会在低谷里，所以他也会碰到低谷，碰到低谷就会很辛苦，每天愁眉苦脸、蓬头垢面，尤其是女生，等到过一阵子，可能是挫折感强了，可能因为其他的事情，就开始慢慢疏远数学，这真是非常可惜的事情，又聪明、又努力、又喜欢数学，但是他跳到里面没有出来，没有去找人帮助，自己没有跳出来。

因此运动是一定需要的，对于艺术文学这些东西有一点兴趣，心情不好看看电影、看看小说、听个音乐会，都会让你跳出来；心胸开阔。当有这种修养可以跳出来的时候，在低谷也是常态了。不是说低谷就不是低谷了，还是低谷，但至少你不会觉得那么的痛苦，你可以给自己一点喘息的机会。

我们以前在大学念书的时候，也是有很多不会做的题目，有人会做，就会觉得自己很笨，不好意思去问，觉得那些成绩好的人，学问好的人，问他不太愿意教的样子，一方面觉得自己问好像很丢人，另一方面我看他态度又不好，没有人会喜欢这种感觉，所以就丧失了很多机会。我觉得对于一个学数学的学生来说，你应该让自己愿意帮助别人，因为你也希望你有困难的时候别人帮助你。你把这种习惯养成之后，你整个就不一样了。人不一样的时候，你做学问，你的思考角度可能就是比较多面性的，这也是无形中制造的好处。

另外，提醒现在很多学术作假的这件事情。即使在竞争这么激烈的环境之下，我们还是需要凭学术的良心，绝对不要去偷偷沾一点光之类的，要保持诚实的态度。从小养成这个习惯。

另外我觉得我们很多学生，从初中、高中到大学，受到这么好的训练，这么严格的培养，也许有的时候，可以把脚步放缓一点、轻松一点，你是为了走更远的路，不要逼着自己什么时候都要做到最好。

我曾经碰到过一个学生，他在美国读博士的时候，可能都是第一名。我跟他聊天，聊到他求学的时候，他说，我在读博士班的时候，我的目标就是要比其他人都好，他可能真的在读博士班的时候比其他人都好，因为他的训练也很好，聪明且努力，表现得都非常好，也很顺利毕业了，顺利找了工作。但从工作开始，他就频频碰到困难。做数学研究难，一个人做更艰难，他比别人都好，所以他不跟人合作，自己一个人做科研，做了几年之后就没有坚持下去，很可惜。你说他不聪明，每个人都知道他很聪明，每个人都知道他很用功，但他就是没有办法跳出来，这种例子也是有的。

不要给自己太大的压力，态度上要轻松，找一些感兴趣的，做数学脱离不了做人，首先还是要做人，给予自己做人最基本的乐趣。要关注自己的兴趣，有点消遣社交活动，涉猎一点运动、艺术，对学习其他学科不要排斥，在碰到困难的时候，你会更快乐一点。

生：确实如此，谢谢教授。

[文]张铭洋　刘启琪　赵一瑞　李欣晋　孙靖均

04

陈竞一教授访谈录

陈竞一教授 1992 年于斯坦福大学数学系获得博士学位，主要研究方向为几何分析、微分几何、偏微分方程，是不列颠哥伦比亚大学教授、博士生导师。本文系陈竞一教授的访谈录。

生：您是如何选择自己的研究方向的，是研究兴趣还是研究前景，还是其他因素？有什么建议吗？

师：我觉得最主要的是兴趣，关于兴趣的培养方面我可以给同学们一些建议。

第一，多听。有机会多听外来学者或本院老师的报告，特别是综述型报告。这种报告不一定非常专业，但是覆盖面会非常广，包括以后读了研究生，也应该多听这样的报告，学理论的同学有时候也可以去听听讲应用的报告，这样以后的选择面就会广一些。

第二，大学阶段不要偏科，基础课很重要。既然你们在本科阶段没有分方向，就一定不能偏科，不要只找容易的学。有的人可能会说："我已经下定决心要学计算了，所以拓扑我就不学了。"其实不对，这样以后会限制思路，也会限制发展。我觉得在大学阶段，通才式教育是比较好的，在学好基础课后，最后一年可以选择比较专业的讨论班，或者某个课题。即使这个课题并不是你将来想做的，但是可以初步体验一下，想一想如果对问题再深入一步，又会有什么体验？

我大四的时候参加了丁同仁先生的常微分方程论的讨论班，那里讲的知识就和普通的常微分课不一样了。普通的常微分课就只讲什么样的方程可解，然后是初值问题、唯一性等，但讨论班就有一些很有意思的东西，比如极限环这些，通过这些我们就能自然而然地感觉到所学知识与其他领域的联系。

有时候是需要知识推着你向前走，而不是自己先设好一个目的。总有人说"我不知道我对数学有多大兴趣""我总是发愁我对数学好像没有什么兴趣"，事实上你总得试试，数学这个东西，一定要动脑动手，可以从小的方面入手，但一定要勇于尝试。

第三，数学要靠自己学。事实上，数学证明是自己和自己的对话，就是你写出一个证明后，不需要和别人去解释，你自己应该能判断它对不对。先学会自己和自己对话，有兴趣的时候再和别人对话，看看别人是不是也同意你的观点。如果你连自己都说服不了，代表你数学就没学好。这些东西不一定是很难的，之所以觉得难可能是因为自己知识面不够，或者人家想得太巧，一下子理解不了。但如果做一些习题，写出来一些东西，检验一下自己是不是真正地理解了书上定理的每一步证明，不要放过细节，如此下去你就会慢慢体会到数学里精妙的地方，兴趣就是从这个时候培养出来的。

第四，看书一定要看经典的书。每一门课都会有一本经典的书，以复分析为例，有一本经典的书是 Ahlfors 的《复分析》，这本书不好读，但确实是经典。这样稍微晦涩原始的书可能不能当作你的课本，但是要去观察，像 Ahlfors 这样的大数学家在写一本书的时候，他会选择哪些题材？然后翻开你的课本，看看你的教材和他的书有哪些不同，这样你就会知道他感兴趣的是什么。当然，我们也不要追得太"经典"了，以至于追到了柯西。那个年代的很多概念是不太对的，比如无穷小量的概念，包括无穷和无穷小量，这些在历史上很有一番争议。比如一个集合是无限的，现在我们知道它跟它的一个真子集可以有一个一一映射的对应，要知道，在历史上这个概念刚提出来的时候，很多大数学家都是反对的。所以在刚接触一些概念不理解的话不要灰心，这都是一些数学上的主脉，历史上那么多大数学家都曾经不能理解。

任何一个科目都有主脉，虽然数学千变万化，但它的发展也是有一个主脉的。比如当你学完复分析时，把书合上想一想：有哪几个主要的定理？它为什么重要？它们之间又有什么关系？实分析和复分析之间又有什么联系？你现在学了单复变，那么多复变的情形又是怎样的？多复变虽然有点复杂，但是这确实是该思考的问题，我觉得这些问题都是可以自然问出来的。

除了看一些经典的书之外，看数学家传记也是培养兴趣的一种方法，而且一定要看数学大家的传记，不是要看他在贫穷中如何励志，而是要注重本质，看他们是怎么发现问题的，为什么那些理论在他那个年代重要，他又是怎么去说服别人的？把历史这么看的话，其实很有意思。

生：请问在录取学生的时候，您比较欣赏什么样的学生？

师：首先基础课成绩要好。我们还是要看成绩的，而且国外的大学也知道世界上不同的大学打分是不一样的，比如你这个地方的 9 分是什么意思，另一个地方的 85 分是什么意思，他们会咨询相关的老师，对分数含金量的问题会有概念。至于托福和 GRE，只要过了基本线就可以，我们还是看别的东西。

然后是关于推荐信和自我介绍。其实一封好的信不用很长，比如参加的一些讨论班或者平常上的一门课，老师提一个问题，你要给老师留下一点印象，老师就会在信里描述"这个学生有他的独立思考"或者"他考虑的这个问题已经超出正常的教学大纲了"，这样写出来的信看着比较有特色。要体现的是自己有什么观察，读了什么文章，对什么地方感兴趣，而不是光说自己在哪儿发表了文章,又参加了什么讨论班。

生:请问在学习数学的过程中怎样去寻找动力?

师:我们那个年代可能还不够成熟,喜欢两个人去比。

我认为就业是一种动力,比如说你想学金融赚钱的话,那你就会努力学。当然兴趣也是很重要的,兴趣的培养可能源于老师提出一个问题,学生去解决,如果没有成功的感觉,可能也是没有兴趣的。但是你直接想要写一个很大的一个东西让老师眼前一亮,比如写一篇文章,好像也不是那么容易,不现实。老师在课堂提一个有点意思的问题,你可以试着解决,在解决的时候可能会得到同学的认可,得到老师的夸奖,这件事情虽然很小,但慢慢来的话你可能就会产生一点兴趣。

还有就是要读东西,读好东西。其实真正好的数学你能读懂,只是可能不会做罢了。比如数论那些很简单干净的东西,很漂亮,这些好的东西你去读读它的历史,可能会激发你的兴趣。

生:您是一位成熟的科研工作者,请问怎样能做出好的科研成果呢？

师：科研是有个性、有创意、有自信的东西。

东西能不能做出来，成果的大小，这是另外一回事。如果你希望做一篇文章就要马上成名的话，那压力就很大了，但只要你不过分追求这些名利的话，应该会喜欢自己做的这个事情。你们这么年轻，自信心应该是有的，天生我材必有用。试一试，年轻的时候不试这辈子就没机会了，为什么不试一下呢？

还有我不太赞成"纯数学学不好才去学应用"的说法，这个态度是不应该的。如果你真的喜欢应用，那就通过你的了解，带着问题去钻研，即使是做应用，也要有个大的目标。你们这么年轻，这么好的条件，以后什么都可能做出来。刚刚二十岁就把以后的路全都想好了，这太限制自我了。

每到一个地方，比如去北大、科大，乃至国外，你会发现每一个学校都各有强项，不会有哪个学校样样都强。那么在自身基础比较好的情况下，只要不特别反感某一个领域，就应该学人家最好、最强的东西，前提是只要不反感——有些人天生可能就不喜欢概率，不喜欢"高于多少概率的时候事情会发生"的问题，只喜欢定性的东西，那没办法。但如果你能有这么好的机会去看看的话，还是尽量不要过早地局限自己。这样即使你下定决心学应用，也是出于自己对这个方向的认同，而不是退而求其次的结果。

生：请问您认为科研做得突出的人，他们身上往往有什么特质？

师：我觉得这些人往往基础比较好，比较独立，还有就是有韧劲。

他们中的很多人自己想问题比较主动。比如听报告，他不会现场就认同别人，很多时候会在思考，比如结果能否推广、是否最佳等；再比如办讨论班，这么多年来我们的专业每星期都会有自己的讨论班，每周一两个小时，这里的成员包括我们学校的老师、研究生，还有访问学者、博士后，我们把这个叫作学习讨论班。还有一个是专业的讨论班，一般会请外校的教授来讲。此外，学生们有时候也会自己组织讨论班。

在学习讨论班，我们大多数时候就是确定个题目，大家轮流讲感兴趣的问题——因为不同的老师，兴趣也不太一样，比如有的偏微分方程，有的偏几何，有的偏拓扑，但大家都是用几何分析这个办法去做的。很多时候我们会大概有个规划，最近这个阶段这个方向有什么好的工作，大家有没有兴趣，如果有兴趣那就去学。在讨论的过程中一般都是随时打断、随时提问，这样做下来的话，大家态度会很积极。

总而言之，做科研一定要有主动的态度，要有韧劲，持之以恒，而且要有一定的独立性，不能总问老师，虽然老师知道这个问题的话会告诉你，但是科研主要是靠自己。当然，这一切的前提是基本功一定要好，如果连基本的东西都很含糊，那就不大好办了。

生：您平时会做笔记吗？比如听课和看书的时候。

师：看书的时候，我会写一点，看文章的时候也会写，演算的时候会写一些，比如"为什么这样""怎么从这个角度解释"等。

在你们这个年纪，听课、听讲座还是得记笔记，效果也好，要是玩手机的话，干脆就别去。我是比较喜欢用黑板写，为的就是让学生动手记笔记。

生：请问老师在与人讨论交流方面有什么建议吗？

师：我听说你们有讨论班，好像能锻炼很多。讨论的时候，同学之间相互提问、相互交流，有的时候你会被别人反驳，甚至可能会被"挂黑板"，这个时候你下得来台吗？反之，有的时候你会反驳别人，你反驳别人的时候对方能不能接受？这就涉及交流过程中要怎样提问题，怎样提问才会被你身边的朋友接受，这不仅是学术上的问题，还有性格方面的问题，不过这些慢慢就锻炼出来了。所有的东西都是要从小事上做起，合作的东西你贡献一点，他贡献一点——我刚算到这，他提问一句，兴趣灵感就来了，相互激励，共同进步，这就是合作的优势。

生：请问您觉得在国内国外读研究生有什么不一样的地方吗？

师：无论在国内还是国外读研，最重要的是应该尽量读一个好的学校，找它比较强的方向。至于有什么不一样，我觉得思维训练还是不太一样吧。

　　首先，国内外的老师对学生的把控力度不一样。中国老师有时候可能会追着学生，国外更独立一些，老师不一定追着学生。如果双方都比较独立，从某种程度上可能更简单一些，但在那种模式下能够脱颖而出的一定是独立的人，任何一个领域都更需要这种人才。

　　其次，国内学生和国外学生也有不一样的地方，国外学生会提很多问题，有很多问题可能不着边际，提问者可能高中数学都没弄懂，但他就是敢问，问着问着就能问到点子上。还拿复分析来举例，在定义柯西-黎曼方程的时候，一个函数 C2，二阶连续可微，这样就有一个好的性质，像全纯函数、解析函数等。但是有一个问题，为什么一定要"微两次"，柯西-黎曼方程不都是一阶偏微吗，我"微一次"不就可以解决问题了吗？如果想到这样的问题的话，你可能又会追问，C1 是不是还多，这样追下去的话就涉及偏微分方程的正则性的问题……所以你看，只要你意识到这个问题，后面很多研究方向就慢慢向你打开了！

　　生：请问选导师的时候您有什么建议呢？比如说

有的导师资历高、资源丰富，有的导师相对年轻，但可能更认真负责一些？

师：首先不管是资历高，还是年轻，导师一定要活跃。年轻老师们的压力可能会比较大，他也要写文章，因为人的精力是有限的，可能就照顾不过来。资历高的老师也有他的问题，比如说带的学生多，也会应接不暇。但我觉得导师的工作其实就是给你点明一个方向，以及给你提供一个科研的环境，还要奢求什么呢？

我记得当初我的老师问我对什么感兴趣，我那时候也不太清楚，就说自己对什么都挺感兴趣、都挺喜欢的，这是一句诚实也是比较圆滑的话，说出这种话就显得不够成熟。但如果老师成熟的话，他就会告诉你他对什么感兴趣，能够指导什么，这就比较明确了。你了解一下，看看自己对这个东西是不是一见钟情，或者这个东西不太讨厌，可以继续做。老师能够帮你的无非也就是这些。

[文]张铭洋　赵一瑞　赵燕　姬雅洁

都建行　杜奕　卢雪婷

05

王成教授访谈录

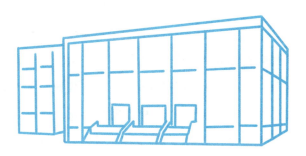

　　王成教授是马萨诸塞大学达特茅斯分校分校数学系的教授，他长期致力于偏微分方程的数值解法，特别对流体力学和梯度流方程的研究。本文系王成教授的访谈录。

　　生：您当初是如何认定偏微分方程数值解及其应用的方向是您未来从事的科研方向？

　　师：这说起来历史就长了。首先我在学偏微分方程这门课的时候，就对课程内容比较感兴趣。另外更重要的是，当时教这门课的老师讲课很生动，所以在本科学习的时候，我就对这门学科很感兴趣。当然，一时兴趣可能只是一方面，在我最终选这个方向的时候，还是稍微带有点功利心理的。因为偏微分方程的数值解，是在数学的所有分支里面找高校教职工作最容易的一个方向（至少在美国那里是）。这个因素我不知道能占多少的比例，但是也在我最终选择方向时起了某种作用。

生：支撑您一直在偏微分方程这条路走下去的动力是什么？

师：因为我从念书开始，志向就一直是做学问，所以各种外界的诱惑也就不容易使我偏移吧。而且我本人的性格不大适合去做管理或者经商，所以在这些条件下，可能做学问对我来说还是一条更合适的人生道路。

生：也就是说兴趣和性格是您的动力所在吗？

师：再加上可能跟我本人生长在知识分子家庭有关，一直觉得如果今后能做一个正式的大学教授是很有成就的一件事，这种从小家里熏陶出的意识可能也起一定的作用。

生：您在国外求学以及当教授时有没有遇到什么印象深刻的困难呢？您是怎么克服的呢？

师：困难当然有了。做学业探索是不可能一帆风顺的，肯定会遇到一个又一个障碍，但是只要自己能够沉下心去钻研探索，最终还是能印证"只要功夫深，铁杵磨成针"这句话的。再加上我本人做的是应用数学方向，通常来讲你只要付出努力，总是会有某种结果的，不过这结果的成就高低则是另一回事，不像基础数学的研究，有可能耗费 10 年、20 年的时间，却一事无成。

生：在遇到困难的时候，您一定也会有感到枯燥或者心情低落的时候。请问您在研究之余，有什么兴趣爱好可以帮助您去放松呢？

师：做研究的时候，如果一时想不出来，光是坐着一直想也无济于事。所以通常一个问题卡了壳之后，还是需要培养其他一些爱好的，说不定在想其他事情的过程中灵光一现，就能发现原先问题的钥匙。兴趣爱好谈不上了，我在念博士前，有时候周末去野营，或者去郊外欣赏风光。在工作稳定之后，我把健身作为业余生活不可或缺的一部分。实际上不论做任何事业，任何优秀的背后一定是自律。

生：您作为北师大数学学院兼职外籍教授，给北京师范大学数学学院的研究生开设了很多讲座，您在北师大教学的感觉是什么样的？

师：感觉这是双方取长补短的一种非常好的方

式。因为我手上有很多可以做的问题，但是细节方面我自己不一定有精力全部写出来。而北师大跟我合作的这几位教授，在培养学生方面有很丰富的经验。所以我本人一些原创的想法，加上北师大学生的勤奋，通常能产生很好的效果。

生：您刚才提到北师大的学生比较勤奋，除了勤奋之外，您对北师大的学生还有什么样的评价呢？

师：我想不光是北师大的学生，中国国内学生基本有个比较显著的特点，那就是基础训练功夫扎实，而且学习勤奋。但是跟欧美学生相比，主要不足之处在于从小都是以解题为导向，这样的方式可能使学生的基础水平达到一个比较高的水准，但在一些探索性的问题上，学生跨越式或者突破式的想法通常欠缺一些。

生：您刚才提到中国学生和国际学生的一些区别，那么在学科建设和创新研究的方面，您觉得差距是在什么地方？

师：目前中国国内的科研还是以跟随性科研为主，当然在跟随科研方面，很多事业已经赶上，甚至有局部可能已经超越了国际水准。但是在原创性和框架性的科研上面，就整体来说中国还比较欠缺。

生：您认为如何能改进这样一个跟随和原创之间的差距？

师：这也许就需要整个国家在教育体系和指导思想上有某种程度的调整，而且必须中国整体的经济水平能够超越目前，这种思想转变才有可能。在选拔学生和教师时，就只能是以一些现实的指标，一些无法造假的因素进行考核，因此这种跟随的战略目前是不大可能有根本改变，需要几代人努力才行。

生：鉴于中外教育体制和教育思想的差异，中国的学生到国外学习的话，就可能需要有一定的适应期来调整。那么您对有出国留学意向的中国学生有什么建议？

师：那可能只能通过长时间的潜移默化来转变了。如果在美国念博士的话，需要五年时间，所以你从头两年学基础课，到接下来对论文主题以及相关问题的探索，肯定会感受到很多不同。而且我感觉国内对研究生的培养是一种效率很高，但是相对急功近利的方式。我接触到的国内学生，大部分就是一进来导师就直接把你需要做的问题和用的方法告诉你，这样学生可以省去很多自己探索思考的过程，就根据导师指定的方向去做细节。这样的方式有它的优势，就是学生可以很快上手，也可以很快出结果，但是从长远来看，这对学生今后自己独立把握科研方向的能力，会产生某种程度的负面影响。

生：作为一个成熟的研究者，您认为做研究的重要品质有哪些？

师：从我个人的经验来讲，我觉得最重要的还是能够不被外界诱惑，静下心来自己钻研。如果幻想一夜之间飞黄腾达，是不可能做好科研的。实际上带着一种功利心来做科研倒也不是不行，而且也可以达到相应高度，但注定是不能达到顶尖的。当然了，我自己的科研也并没有达到顶尖，只能算是尽我自己最大努力，做一些对这个领域有意义的贡献吧。

生：您在选取自己的研究生的时候，更看重他简历上哪方面的经历？

师：一般对本科生来说，能评价他的就只有他的学业成绩和英语成绩。但对于硕士研究生来说，除了这两项，还要看他在科研上有没有自己独到的科研感悟，或者说硕士阶段有没有培养出一些好的科研习惯。

生：您可以回忆一下您第一次在期刊上发表成熟的科研成果的情况吗？

师：基本上是在我博士第四年吧。当时问题是导师给的，但细节是自己推的，几个关键点也是跟导师一起推出来的。投稿加上修改差不多用了大半年。我跟导师都是中国人，我自己对科研论文也没有很多的英文写作经验，当时仅改英文都花了一两个月时间，所以正式接到杂志通知的时候，还是挺兴奋的。

生：除了您说到的英文写作的一些问题以外，您在这篇论文的研究过程中有遇到过什么坎坷吗？

师：当然有。但一开始导师给你的问题，通常都是他自己心里很有底的。很多对我来说需要花很多精力的困难，导师早就胸有成竹了，当时他给我点拨几下，我自己再仔细推算一下细节，很多困难就解决了。

生：所以在起初发表科研成果的时候，导师的点拨还是很重要的对吗？

师：是。当然我不是那种天才的学生了，很多天才的学生是不屑于做导师给的陈述问题的。我还是属于那种靠勤奋一点点积累出来的，而不是那种天才型的数学家。

生：北师大目前有一小部分学生可能是您所说的那种天才型的学生，他们学有余力，立志未来从事数学科研，希望投入更多精力去做好科研的准备。您对这部分学生有一些什么样的建议？他们可以在课余时间多做一些什么工作？

师：我认为如果他们想要在学问上更上一层楼，还是应该把英语考出来，然后去顶尖大学念博士，那里肯定能够给他们提供更好的平台。虽然英语只是一项语言交流能力，但是如果没有这项能力，今后想要往更深的方向发展会发现寸步难行。

生：刚才我们所说的那些学有余力的同学可能只是一小部分，而有一些同学是正在经历学业或生活的低谷期，您对他们有什么比较好的建议？

师：希望他们懂得人生的磨难是一笔财富，不经历摔打是不可能到达人生顶点的。我最近在网上关注美国特斯拉创始人马斯克的故事，他创立的电动汽车智能驾驶技术，很有可能在未来的十年到二十年深刻地改变人类社会。但是他在达到这一步前，是经历了严俊的考验和捶打的，如果他不经历捶打，他应该到不了今天的高度。

生：数学专业的很多学生可能会感到数学很枯燥，而且没有实用价值，您认为如何才能培养对数学学科的兴趣呢？

师：实际上你只要能够静下心来去钻研，你自然会被数学里面蕴含的那种美折服，它是其他任何学科都比拟不了的。

生：您刚才提到静心探索一定能够发现数学的美，那么在您研究、学习和教学的过程中，您认为数学的美主要有哪些方面呢？

师：数学的美，主要就在于它能够把一些非常深奥的道理，以非常简洁的数学语言表示出来。你在做数学的过程中可能觉得枯燥，但今后你会发现，任何应用学科最底层的问题一定是数学，这点是逃不过去的。所以说如果你在数学方面有旁人难以企及的高度，今后如果去做其他应用，会有很多意想不到的优势。

生：您在教学和研究的过程中，有没有发现我们学生的一些通病或者是不足？您对此有什么建议和指导吗？

师：对于美国学生，他们从小比较自由散漫，基础训练不够。再加上美国的本科教育还是大众通才教育，对某个方向专才的挖掘不是很深。对于中国学生，他们的优点是勤奋刻苦，基本功训练扎实，但是他们在学术上通常有比较强的功利心，这样很大程度上就会限制最后能达到的高度。如果你今后的追求是金钱，那么你就不要选择做学问，也不要选择数学，因为一旦选择了数学，你在物质上只能过一种比平均中产稍高一点的生活，而这种生活方式的最大优势就是稳定，不用考虑经济形势对工作的困扰。你要做科研工作，你必须要有对科学的这种探索和追求才行。

生：最后希望您对我们本科生或者研究生提一些建议。

师：尽量少在手机和社交上面花太多的时间，还是应该多花时间来探索钻研吧。

[文]孙小棠　邹子寒　刘启琪　张铭洋

63

06

数学导致了我和我自己的内耗怎么办？

数学学院的同学们常常会有这样的疑问：来到数学学院之后，看到其他同学学习数学很轻松，自己很吃力，其他同学喜欢数学，自己并没有那么喜欢，反复纠结，不断地跟自己内耗，感觉多年的努力都化为了泡影，不知道该怎么办。作为一名大四的班主任，在这四年里，我已经记不清有多少学生问过我同样的问题了。

首先我们来讨论兴趣的问题。还记得你高考报考数学时候内心的感受吗？如果没有对这个学科的半分兴趣和把握，你现在会在这儿吗？是什么时候发现不热爱、没兴趣了呢？是发现此数学非彼数学，是发现原以为天分就可以支撑你做到卓越的事情变得这么困难？那么回到事情的开端，报考数学时候的兴趣，是不是更多地源自征服数学带来的自信？我们做党建活动的时候，一位大兴一中的老师说过：数学为什么有趣？因为它难且你可解，一道难题别人做不出来，你做出来了，所以你喜欢数学。这样看来，解决兴趣的问题，来自征服现在你面前的这个数学，如果你能做到，自信就回来了，兴趣也跟着回来了。

一位曾经毕业困难的学生，在学业帮扶下一学期过了8门数学专业课，他对我们说：在越过了学业这座大山之后，我觉得数学本身并没有那么难，我自己也可以做到，我之前之所以做不到，是因为我所有的时间都用来害怕数学了，我想得太多，根本无法集中精力学习，最后成了恶性循环。所以破局的第一步，是要用行动引领内心，想方设法先让自己做到，我行从而我信，我信从而我能。

上面我们提到如何找回学习数学的兴趣，从而建立学习数学的自信。我们分析导致自己反复内耗的原因，但有同学认为如果自己在目前的这个群体里排名不够高，那么就代表自己跟优秀无缘了。但事实要乐观许多，从我们2018级的升学情况来看，有没有成功取得保研资格的同学拿到了境外名校攻读博士学位的全额奖学金；有排名在80%左右的同学成功考取了本部学术型硕士研究生；从考研整体数据来看，日常排名的影响可能远远低于学生准备考研期间的努力程度。即便是我们未来不能成功攻读研究生，进入工作岗位，同学们依然大有可为，只是换个赛道继续奋斗，我们未来的成长空间没有上限。如此看来，专业排名没有大家想的那么重要，但也不是不重要，客观来说，专业排名可以反映出一个学生目前对专业基础知识掌握的扎实程度，也能反映出学生在学习中的心态稳定程度。就数学科学学院的同学们来说，无论何时，努力都是有效的，都是来得及的。

最后我要提醒同学们，在人们处于低谷的时候，时常会产生认知偏差，总是容易觉得别人的成功是注定的、生而有之的，而自己是举步维艰的、没有天分的。数学之难是一个普遍现象，任何一个阶段的学生，都会面临当下的数学之难；攻坚克难的过程，势必是艰苦的、吃力的。兴奋和成就感只是短暂的，因为下一个难题永远在前面等着你，一如人生，哪有什么容易之事，只是我们在翻越一座又一座大山之时，没有忘记带上那一份乐观，举重若轻，在别人眼里，就变成了轻松。

[文]潘珊珊

07

考证的同时要做好知识内化

因为考证经历，我经常被邀请作讲座和分享。每次都有人会问："你为什么要这么努力地考证？"其实对于不同阶段的我会有不同答案。

五年前我的答案会是"赶超"。那时我刚刚确定自己的职业规划——成为一名优秀的投资人，但是在第一份证券业的实习中，我发现一起实习的小伙伴都十分优秀，每一位都是已经积攒了多份实习经验，对法律、经济、财务等投资必备的知识了如指掌。非专业出身的我，无论是实践还是理论都急需补足。我又不甘于人后，因而选择了从最简单的从业资格考试入手，由易入难，以考促学，以求快速建立自己初步的金融知识框架，快速赶超一起竞争的同学。

三年前我的答案会是"知识"。随着不断考证，我发现证书与证书之间，证书与工作之间在知识层面是可以融会贯通的。努力考证既能不断地丰富我投资需要的专业知识，也能帮助我在工作实践中形成更圆满的投研逻辑。我既不断感受到考证带来的汲取知识的快感，也在一次又一次工作项目的成功中感受到过往学习的理论知识能落于实践的欣喜。

现在我的答案则是"内化"。目前我早已拿到了证券业需要的全部证书，但是我每日仍坚持在空隙时间不断阅读专业书籍。对于现在的我，考证学习到的本领已经内化到了我日常工作生活的点点滴滴。因准备国家司法考试需要不断地、有逻辑性地去分析一个又一个复杂的刑事或民事案例，既提升了我处理复杂信息的能力，也让我在思考每件复杂的事情时能更好运用"逻辑"这一武器。因学习了各类资产的估值建模的过程，让我在生活中遇到看似迷雾的决策问题时，能够化复杂为简单，采用有效的模型去分析、判断并执行。因为艰难困苦的备考过程，既要兼顾工作，还要全面复习，我不断提升自己的时间管理能力，实现"并行计算"，在有限的时间内完成更多、更有意义的事情。

总之，考证不断充实我的知识，但更重要的是内化成我处理工作、生活问题的锐利武器，也帮助我不断向我的职业目标一步步迈进。

朋友们，面临考研人数暴增、就业形势严峻的情况，千万不要去自怨自艾，甚至直接"躺平"，而是要冷静地思考分析自己可以补足的地方，有针对性地不断提升自己，让自己有能力成为不可或缺的存在。但是，在提升自己的同时，也请一定不要浮于"努力"的表面，努力不是为了让自己感动，而是为了真正对得起自己，为了实现自己的职业目标和人生理想。

[文]赵文楠

08

如何高效地阅读专业书籍

最近有同学提出了一些在科研和学习上的困惑："感觉稍微深入一点的专业书都比较难读，很容易卡住，不知道某一步怎么推过去，然后再往下就越来越读不懂。"其实，这位同学的问题也是大部分刚刚接触科研的同学所面临的共同问题。特别是对于数学类专业书籍，本身会有一定的难度，书本中包含了很多的专业术语、符号和公式，有些地方可能也比较难懂，读起来确实会比较吃力。很多同学抱着要在自己的研究领域有所突破的想法，找来一大堆的专业书籍计划去看，但往往都是看了前面的几页或者随便翻了翻，随之而来的却是被难以理解的一大堆符号和公式磨光了阅读的热情。

那么，今天我就跟大家谈谈：专业书看得慢，抓不住重点该怎么办？如何更高效地阅读专业类书籍？

对于大部分同学来讲，阅读数学类专业书籍的感觉一定是"难""头疼""一看书就困""毫无头绪和逻辑"，这就导致了机械性地阅读，看得慢，抓不住重点，一步不会步步不会，最终很难坚持读下去。其实，造成这样的原因很简单，主要有以下几个方面。

第一，对专业书籍的内容主次不清晰。很多同学拿到一本专业书，不知道什么该看，什么不该看。只看部分内容，又怕掌握得不够，如果整本书都看完，又觉得会花很长时间，没有耐心读下去。

第二，阅读方式有问题。很多同学都是逐字逐句地去读数学专业书籍，生怕自己错过什么知识点。再加上完美主义心理在作祟，追求所谓的稳扎稳打，一个概念或者定理不清楚，就不推进下一部分内容，一直耗着直到搞清楚为止。

第三，心态问题。有的同学在阅读一本数学专业书籍时，总是有种畏惧感，害怕去阅读，会让你怀疑自己，甚至给自己强加了一个"我也许读不懂"的帽子。

　　针对上面的原因，我们应该如何更高效、更轻松地去阅读专业书籍呢？

　　首先，把握全书脉络，了解内容主次。当你拿到一本专业书时，可以先快速地过一下目录，把握整本书的知识架构，了解每一个章节的知识分布。先掌握一定的基础知识，了解一些专有名词、符号、基本的定义、引理，再到最后的定理，有层次地阅读专业书籍。如果自己还是把握不清全书脉络，可以咨询老师、同学帮忙梳理内容主次，有重点地阅读。

　　其次，将抽象的知识具体化，难懂的知识类比化。对于一些抽象的数学概念，不能仅仅局限于理解其表面，要深入挖掘其自身所表达的含义，具体化，形象化，也可以运用类比的思想，将抽象的数学概念或结论与已有的、具体的结论联系起来。多与人交流，让思维与观点发生碰撞，多进行分享，尝试从不同角度理解和思考。

　　最后，摆正心态，自信从容。完美主义心态不要有，想把每一个部分搞得完美无缺之后再推进下一个部分的学习，这在科研道路上不可取。试着带着问题出发，你会发现答案就在前方。同时，畏惧之心不可取，在专业书籍面前，不能自己吓唬自己，要自信地阅读，抓住重点，提炼核心，摆正心态，从容应对。

[文]张晓峰

09

无所畏惧，勇往直前

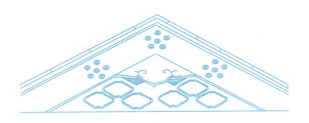

该怎样去有效地学习？每个人都会给出自己的回答。回顾我的学习过程，遇到很大的一个问题就是畏难。当然，面对困难和挑战，有压力是正常的，适度的焦虑感也有利于促进目标达成。但如果面对学习，总伴随习惯性的焦虑、回避和拖延，我们就要解决这个"拦路虎"。

还记得大一时学习数学分析，学到开集、闭集这样很抽象的概念，我忽然感觉自己无法理解。在这种束手无策的情况下，我产生了逃避的心理，在应该学习它的时间，每每想着拖延和退缩。但是，不学习也就学不会相应的知识。因此，这部分内容学习落后，开始为后面的学习埋"雷"。当我意识到这个问题，慢慢地，我开始调整我的想法。

当我畏难的时候我在害怕什么呢？我这样反问自己。是怕自己学不会吗？可是还没开始，又怎么知道一定学不会呢？是怕做不好吗？可是继续拖延下去难道会更好吗？这时候，我想起一位老师做报告时说的话，他问大家做数学最重要的是什么，许多人回答，是天赋。而老师却摇摇头说，是自信。有了自信，才能在数学这条路上走得更坚定，走得更远。换句话说，面对很多数学问题，当我们不畏惧时，也就不难了。

只要思想不滑坡，办法总比困难多。面对的概念太抽象了，我们可以试着用网络中的比喻和实证来"消化"这个概念；遇到的课本太晦涩，我们就试着找同类课程中更简单明了的书来阅读，读懂后再攻克这本复杂的书；不明白课后的习题怎么做，我们就把有答案的例题尝试着独立做一遍……除了尝试自己解决问题，我们还有许多其他途径：和同学朋友一起探讨、向老师或助教请教等。

当我们畏难，想要拖延时，不妨鼓励自己迈出第一步，比如，先学二十分钟。慢慢地，我们会发现一切困难都是纸老虎。只要坚持，我们就会获得努力的回报。

[文]陈宣玮

10

躬行做事，莫问前程

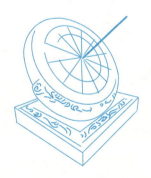

有人说，人的一生都在反复做着一件事情，那就是选择，是选择走一条艰难的路，还是一条容易的路。艰难的道路往往短时间内超出我们的能力范围，需要通过不断艰苦练习，激发我们内在潜能才能够完成；而容易的道路一般是在我们的能力范围内，不需要付出太多的努力就可以实现。

我相信，很多大一和大二的师弟师妹们都正在面临一个不可言说的选择，可能这也是大部分中国的大学生都逃避不了的一个选择，那就是选一门容易过且大概率会获得较好分数的课，还是"冒险"选一门难度大但在自我提升方面很有成效且获得高分需要付出很多努力的课？人非圣贤，艰难的路显而易见，容易的路令人神往。

今天在这里，我希望就选课，谈谈我的想法。

首先，我们看看专业特点，对数学专业而言，不同阶段的专业课关联性是非常强的，前期只有学好了数学分析、高等代数，后面的泛函分析、偏微分方程、微分几何等课程才能学好。只有学好了近世代数，拓扑学、伽罗瓦理论才能学好。只有学好了概率论、测度与概率，随机过程才能学好。如果前期课程被"劝退了"没选，对基本概念、知识含糊其词，那么后续课程的学习会难上加难。选课没有连贯性，可能会导致后面课程损失的分数大于前面走捷径赚到的分差。

其次，我们需要追溯学习的目的，成绩只是过程，基础知识的夯实和专业素养的提升才是目的。以研究生升学选拔为例，当同学们参与差额选拔时，选拔者最核心的目的是选拔出基础知识更扎实和专业素养更强的同学，假如之前一直以"容易"作为选课标准，对自我专业素养的培养没有提出更高要求，那么很有可能与向往的高校失之交臂，即使成功去到了想去的高校继续深造，如果没有与之匹配的能力，能顺利毕业吗？因此希望大家关注成绩的同时，千万不要忽视能力的训练，要脚踏实地提升自己的能力。如果我们一个大学生只在乎考试难不难，不过问能力提升大不大，那我们有很大可能倒在下一个障碍前。如果我们整个大学生群体都只在乎考试难不难，不过问能力提升大不大，那么我们如何在未来继续攀登科学高峰，成为中国科学研究的接班人呢？

看到这里，认识我的同学可能会提出，我的成绩不存在保送不了的风险，谈选课就是"站着说话不腰疼"，我想说咱们都一样，我也有迟迟求而不得的东西，比如我曾经三次站在国奖答辩的讲台上，但两次国奖都给了比我成绩更高的同学，我也有计划要去但没能去成的学校，毕竟谁能嫌分高？但"既然选择了远方，便只顾风雨兼程"，当你心中有一个梦想的时候，相信你一定会有无限的动力去追逐，努力是消除后悔的最佳方法，躬行做事，莫问前程。

[文]张睿齐

83

11

跳出问题，解决问题

我们每个人难免会遇到大大小小的困难，或许是一道苦思冥想也得不到解答的数学题，抑或跳出个人舒适区去面对复杂的人际关系……不识庐山真面目，只缘身在此山中。破局方能解决种种难题。学习如此，生活亦然。

对于学习，破局思维一方面有助于问题本身的解决，另一方面有助于引导我们形成正确的学习理念。

想想我们在过去一段时间面临的学习困难，可能是一个想不明白的定理，可能是一道解不出的题目，投入了几个小时依然毫无进展，身体疲惫，心灵受挫。这个时候，或许可以采用破局思维，暂且放下手中的书本和题目，背几个单词看几页书换换思路，或者走到室外散散心。片刻的休息不仅仅可以让身心重新恢复活力，也可以帮助自己脱离思维定式。再次面对那个曾让自己绞尽脑汁的问题时，就像第一次思考它一样尝试用一种全新的思路，因为过去误入"歧途"或许就是因为思维的"惯性"将自己一次次引入同一个错误的方向。

洞悉错误的学习观念与发展理念并从中破局，往往能使自己摆脱困境。有时候，羁绊我们的并非外界环境，而是自己为自己设下的圈套。面对数学，从畏难退缩到放弃逃避，何尝不是如此。记不清是什么时候起，作业中不会的题数多了，上课时似懂非懂的内容多了。最初对学习的热情以及信心慢慢消退，取而代之的是对数学的恐惧甚至排斥。听不懂的知识越积越多，面对课本的大脑好像停止思考一般，熬到深夜也做不完的作业，耳边老师的声音仿佛催眠曲，听课的效率越来越低。学习成为痛苦的恶性循环，其带来的挫败感使自己陷入自我怀疑。这个时候，破局思维让我们解开恶性循环。于是你强迫自己无论如何保持充足的休息时间，与同学老师的沟通让你更快地找到课程学习的精髓，原来学习就像搭积木，打好基础才可以建高楼。你不再因为不会做的题目焦虑不安，而是打开课本和笔记，从基础入手。每一个小小问题的解决都会帮助你提振信心，重拾自信。原来每个人有不同的学习速度和方式，每天进步一点点就好。

生活与人际中面临的难题看上去比学习更为复杂，其实很多时候，负面情绪产生于思虑过度，简单的问题被复杂化。跳出问题本身，从旁观者的角度看全貌反而更加清楚。破局思维有助于我们将复杂的问题拆解，将难题逐个击破。将任务分解，按照紧急、重要进行分类有助于任务高效完成。与其为尚未发生的事情焦虑担忧，不如抓紧时间处理当下的问题，一步一个脚印，原来生活也没有那么复杂，原来自己具备之前未曾发觉的隐藏潜能。

学会破局，引导我们解决难题的同时让我们在自省中认清自己，走上一条适合自己的道路。

［文］王子晗

12

学习与探索：我们要适应自主学习，要学会主动探索

有听众向提问箱表达了自己的困惑："学业压力挺重的，课安排得挺满，不知道如何高效学习；大学也没什么规划，学长学姐给我们介绍总是提到准备出国留学或者交流，让我非常害怕且不知所措；校园生活也不是很规律，有时候赶不上某一餐；而且和别人交流也没有我想象中的容易，想参加一些社团也不了解，不认识什么人。"在我看来，这位听众的问题涉及学习、生涯规划、时间管理以及人际关系等多个方面。

大家经过考试，一路过关斩将来到了这里，却发现大学的学习和中学的学习有着明显的区别。带着新鲜感的同学们都渴望在学业成绩上被认可，但是在快节奏的学习过程中，一些同学逐渐开始感受到巨大的学业压力。或许你会慢慢发现，对于课后老师留下的习题，你可能还没看明白题目，别人就已经做完了，这时焦虑感和挫败感越来越明显。

首先我想提醒同学们，要调整自己的认知。在这里，你会发现你不再是以前那个"出类拔萃"的人，但这并不意味着你不够优秀，而是因为你身边的人都和你一样优秀。接下来，我希望同学们思考一件事，你们为何而学、为谁而学，或者说你们当前的学习和自己明天的生活有怎样的联系。寻求意义是人类生存的重要动机之一，如果我们能够将当前的学习和自己的理想联系起来，那我们就会觉得现在所学的内容是意义非凡的，就会点燃我们学习的热情，就会促使我们去学习。

接下来谈谈怎么学。和中学相比，大学课程的学习量骤增，难度大大增加；从"细嚼慢咽"式的课堂讲授、被动学习，转变成大容量、快节奏的专业教育。同学们在学院新生开学典礼时都看过陈木法先生的访谈视频，陈先生教导我们要适应自主学习，要学会主动探索。大学学习有高度的自主性，和谁一起学、什么时间学、在哪儿学、如何安排学习和复习计划、兴趣社团与专业学习怎么平衡等全由自己做主。在专业学习上，要主动地管理、安排好自己的学习内容，及时整理知识系统的框架，建议多与老师和同学进行沟通，把不懂的、不清楚的问题及时解决，避免问题堆积、越学越迷茫。

最后，我们要拓展"学习"的定义。学习不仅指专业学习，其实我们都像一块吸水的海绵一样一直在学习——学习新的专业知识、发现新的旅游线路、组织一次学生活动等，这都是在学习。在大学，学业成绩已经不是评价的唯一标准。美国心理学家辛迪·梵和理查德·鲍尔斯将技能（经过学习和练习而培养形成的能力）分为三种：专业知识技能、自我管理技能与可迁移技能。学业成绩主要反映专业知识技能的掌握水平，体现逻辑思维能力和语言表达能力。然而，工作方法、人际沟通、领导管理、艺术创作等属于后两种的技能却很难在考试中体现出来，但是这些技能对一个人非常重要，甚至是人们立足社会、应对生活中各种挑战和机遇的根本。

[文]童微磊

13

体会数学的乐趣和浪漫

大学期间如何确立自己的目标？

第一，做好眼前事。如果你暂时没有明确的目标，不知道自己要做什么，不知道自己能做什么，那就先稳扎稳打，把当下的事情尽力做好。特别是对于刚踏入大学校园不久的大一新生来说，很容易在新的学习环境中感到不适应，在抽象的数分、高代中感到无限迷茫，想不通这"epsilon-delta"到底有什么用。这个时候，不妨静下心来，定一个今晚自习的小目标，整理课上的笔记，把书上的定义和定理反复读几遍或抄写几遍，将其中的数学意义理解透。随着课程学习的深入，相信大家会和外表高傲的数学概念成为朋友，体会到其中的乐趣和浪漫。

第二，保持独立。对于高年级的同学，在面对选课、选专业、选择毕业去向时，难免会纠结。我建议大家在制定长期目标时，别忘了保持思想上的独立，毕竟每个人擅长的领域不同，感兴趣的方面也不同，复制别人的成功是小概率事件。尽量避免周围的人"躺平"，自己也跟着"躺平"；周围刮起一阵"内卷"之风，突然又跟着"卷"起来。举个例子，如果你更喜欢独处，喜欢一个人思考问题，那么你可能更适合做一些科研类的工作；如果你性格外向，喜欢与人沟通，那么你可以考虑把中小学教师定为自己的职业目标。

第三，勇于担当。在央视的《吾家吾国》节目中，访谈的大多是"80（岁）后""90（岁）后"的科学家，其中一期采访的是中国第一位女性天文台台长叶叔华院士。叶叔华院士95岁高龄，仍每天坚持到办公室工作，思维清晰，说话铿锵有力。她在世界顶尖科学家论坛上说："年轻人，一定要多努力学习，只争朝夕。现在是科技发展日新月异的时代，稍不留神，机会就会溜走，身为科学家，总要在有限的时间里多做一些于国于民有意义的事情。"我不禁意识到，作为"90后""00后"的我们，也应该勇敢地担起时代赋予我们的重任，将个人目标与国家发展紧密相连。

[文]黄楚盈

第 2 章

薪火相传，行稳致远

14

严谨扎实，脚踏实地

中国科学院院士陈松蹊教授 1983 年毕业于北京师范大学，他在北京师范大学度过了本科和硕士研究生的求学时光，他不仅收获了扎实牢固的数学基础和严谨务实的研究风格，还收获了深厚宝贵的师生情谊。谈起从前充实规律的学习生活，他总是会想起北京师范大学先生们的翩翩风度和言传身教，对当年带给他深远影响、温文尔雅、治学严谨的老先生们满怀感激与尊敬。

在访谈中，我们体会到无论将来选择从事科学研究，还是从事行业工作，最关键的都是一定要做自己喜欢的事情，这样每天都是精力充沛、满怀信心的。除此之外，还要有严谨的作风、扎实的基础和端正的态度。如果选择了科研道路，在掌握了最基本的专业知识后，好奇心和勤奋非常重要，觉得有意思、值得做的问题要往下做，就要保持乐观向上的心态，满怀热情和耐性，要有"我是在做贡献的，我可以做事情"的心态，还需要有活跃的思想，不能局限于一个视角来考虑问题，要多视角、全方位地分析思考，多听报告，多与人交流。

在做应用类的问题上，陈院士告诉我们一定要有社会责任感，要为社会、为国家，利用研究让老百姓们获益。一想到做研究不仅是为了自己，而是为了更多的人，研究的干劲就会更强，也会更加勤奋和活跃。陈院士曾带领团队以国家大气污染防治的重大需求为出发点，从事统计学和大气环境交叉学科研究，系统评估中国北方空气质量的变化，新型冠状病毒感染疫情暴发的时候，他将大气污染研究团队进行转型，转向做新型冠状病毒感染的研究。"现在回忆起来，很惊心动魄也很欣慰，在国家需要的时候，学者们要有所反应，有所贡献。"陈院士提到，回到国内以后，他做研究更有主人翁意识，这也体现了中国学者的社会责任感。

在访谈中，陈院士建议北师大的学子在保持严谨扎实、脚踏实地的同时，可以更加冒险，对一些新的领域不用过于谨慎，可以将思路更加拓展一些，将目标定得更高一些。一代又一代的师大学子，必将继续践行"学为人师，行为世范"的校训，延续母校的辉煌成就和历史传承。

[文]安宁　郭新慧　肖文轩　关迪航　方之扬

15

劳逸结合，勇攀高峰

1987级校友王凤雨老师在谈到学习方法时，认为养成一个好的学习习惯是很重要的。王老师在学一门新的课程时，他会首先了解这门课是干什么的、要解决什么问题，然后会去弄清楚建立这个理论的先生是怎么想的、为什么会想到这种方法。当理解了这门课程的发展历程后，便会发现这些知识都是合理的，也就能把课程的内容都内化为自己的知识。同时，彻底消化了知识会产生一种成就感，能鼓励我们更有信心去学习新的知识，形成一个良性循环。王老师还指出，有很多同学在被动学习，被课本或老师牵着鼻子走，缺少自己的思考。实际上，学东西应该有自己的视角，不能有盲从的态度，应带着批判、挑剔的眼光去学习，主动去思考你能不能做得更好、能不能找到更巧妙的方法，这样的学习效果会更好。

在谈到如何做科研时，王老师认为作为学生最重要的是基础要扎实，只有打好基础才能走得远。有一些同学在本科阶段就发表了文章，王老师认为这是值得鼓励的，但也应清楚做研究并不是本科生必须做的事情，想要走得更远、真正做出系统性创新的工作，还是要有扎实的基础、养成主动去理解问题的习惯，这会对之后的研究有非常大的帮助。如果想要从事概率论方向的研究，"测度论"是最为重要的课程，直接影响着对概率论中前沿问题的理解，最好在本科阶段就能理解掌握。同时，王老师建议同学们可以学习一些跟理论的应用有关的内容，培养一些兴趣，比如概率会跟金融有关，那就可以简单了解一下金融的知识。

王老师在科研之余喜欢打排球、乒乓球，在访谈中也特地提醒同学们，劳逸结合、排解压力是很重要的。一方面，保持好的状态、以轻松的心态去学习，不仅效率很高，准确率也更有保障。有人觉得下的功夫越大、花的时间越多，越能出成果，但若是因此进入疲劳的状态，可能还会起到反作用。另一方面，劳逸结合对身体健康是有好处的，王老师认为发展科学的目的应是让我们活得更幸福，如果在发展科学文化的过程中让自己很痛苦，或者让身体受到伤害，这不是我们的追求。因此，保持好自己的健康、心态还有状态，才可以更好地去考虑工作。王老师认为每天都可以有一小时做适当的消遣，比如到户外走动一下、看看剧放松一下，但也提醒大家这都是辅助性的，应注意不要沉迷。

　　[文]张润　高海馨　徐佩涵　汤璐铭　杨玉琪

16

授人以鱼，授人以渔

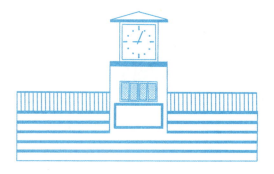

1982 级硕士肖杰老师在回忆北师大的生活时，向我们提及最多的就是他的导师刘绍学先生。在访谈中，他讲述了刘老师带领他们一起以经典环论为阶梯探究代数表示论这个新方向的故事，虽然这个方向对于当时的他们来说非常陌生，但通过组内的精心合作和刻苦研读，以及与国外专家的交流学习，慢慢地将这个方向在国内发展壮大起来。肖杰老师提到，数学人的一大特点就是比较纯粹，即使从现在来看，当时我国的数学研究与国际前沿还存在一定的差距，但是大家却没有太多的顾虑，全身心地投入科研当中。

在谈到毕业后的任教经历时，肖杰老师感觉自己的角色并没有发生变化，仍然保持着学生的心态，和研究生们一同学习。他谦虚地说道："即使毕业了我也不能说我学数学就完成了，我懂的还是很少的。"尽管如今已年过花甲，肖杰老师依然保持着这样的心态，他认为学习数学是一个互相的、交互的过程，自己也能从教数学中有所收获。

随后，肖杰老师总结了自己在科研方面的一些体会。第一，对学习数学保有自信，实际上数学是一个不需要太多资源就能够学好的学科，大家都有很多机会，因此我们不必妄自菲薄，一定要树立足够的自信心；第二，打好基础，在数学的五个方面（代数与数论、几何拓扑、分析与 PDE、计算与应用数学、概率统计）中，至少要花工夫学好其中两个方面，并且在遇到问题时多与别人交流讨论，这样才能更有效率地巩固基础，自信也会随着基础的提高自然地产生。在打好基础后，肖杰老师还建议同学们在大学阶段抽出一个学期，和老师做一次探究式的数学学习。

此外，肖杰老师针对其他方面也给出了一些建议。他认为不管方向如何，即使是计划做一名中学老师，也要学好微积分、高等代数之上的数学，因为这些知识都是现代科技的基础，它们能够训练我们的逻辑，帮助我们在阅读各类书籍时都能有足够的理解能力。他还指出数学的学习不是一个输赢问题，不要一味地追求"考试成功"，要在懂的基础上喜爱数学。

在访谈的最后，当被问起从事科研工作的原因时，肖杰老师表示：人不是什么东西都想好了才做的，他自己也是在大学接触了更高层次的数学后，才逐步打开了视野，理解并喜欢上了数学，肖老师在访谈中说："我希望能做超越自己过去认知的事情，我也希望我做出来的东西能被我佩服的人欣赏。"

[文]周炜轩 丛振宇 郑德祺 谢峻 贾煜茹

17

好奇，探索

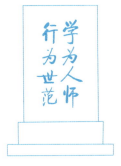

我院 2006 届校友任勇老师在北京师范大学数学科学学院完成了博士课程班的学习，获特级教师称号，入选当代教育名家，曾任厦门一中校长、厦门市教育局副局长。

在 2000 年，已有几年教学经验的任勇老师参加了在北京师范大学举办的第二期中小学骨干教师国家级培训，后又在北京师范大学修读了博士课程班。任勇老师认为在北京师范大学学习的这段经历为他后面二十多年的数学教育工作打下了坚实基础，他在北京师范大学充实了自我，开阔了视野，提升了能力，借鉴了教法，交流了经验，提高了品位，磨练了意志，增进了友谊，可以说是收获满满。他认为北京师范大学数学系是在追求自然而深刻的数学教育，这里的校友给他留下的印象是大气、全面，对数学、数学教育的认识相对比较深刻。

　　在访谈中，我们明确了当老师最重要的是"觉者为师"，就是在内心深处要想当老师。在如何成为一名优秀教师的问题上，任勇老师以"学、思、研、行、著"这五个字启发我们。想要成为一名优秀的教师，我们首先要不断学习学科知识、教学方法以及教育理念，在学习过后要深度思考，将所学知识内化为自己的理解，针对思考过程中产生的问题要进行研究，把教育教学悟入研究的状态，同时在教学过程中要不断地践行，找寻自己的教育理念、教学主张、教学魅力，最后，在我们有一定积累的时候，争取写一些文章，发表一些论文，做一些课题，将我们的研究成果或是教学方法传播出去，为教育事业做出我们自己的贡献。

　　在数学教育方面，任勇老师一直强调"品玩"数学的教育理念。首先要让学生们觉得数学"好玩"，数学教育不能仅仅停留在知识的灌输上，兴趣和思维的培养更为重要，而觉得数学"好玩"便是兴趣的起源。在此基础上，老师通过自身努力让班级的绝大部分学生获得一种好的思维方式，获得数学家研究问题的一种路径，从而"玩好"数学；培养一部分学生洞见问题背后的世界，通过解有限题目面对无限题目，从而"玩转"数学；继续培养一小部分学生玩出问题背后的数学文化，从而"玩味"数学。从数学兴趣到数学思维，始终坚持"为思维而教"是我们从任勇老师身上学到的宝贵经验。

在任勇老师的职业生涯中，他一直在坚持并不断传播"学、思、研、行、著"的名师之路以及"品玩"数学的教育理念。同时，他也建议北京师范大学数学科学学院的同学们在学习专业知识的过程中读一些数学教育、数学教学的书，在教育教学方面加强修炼。另外，要努力把当前的工作做好，勤思考、多研究，珍惜在师大学习的每一天，未来带着师大给我们的力量去远行！

[文]时可欣 何展思 匡昱潼 孟昊天 何文静

18

心有明珠，专注课堂

1985届校友金钟植老师在谈到职业选择时，讲起了自己从小学时的"数学学困生"到中考时考取数学满分的艰难转变，通过自身经历，他认识到教师的重要性，并在高考时坚定地选择了北京师范大学。

在北京师范大学就读本科期间，金老师充分利用学校提供的机会，聆听了苏步青、王梓坤、陶大镛、陈木法等学者的报告，也参与了一些老师主持的教材教法讨论班和各类实践活动，在丰富的学习资源中得到了成长，为之后的从教生活奠定了扎实的基础。在所有老师中，令他印象最深刻的是他的专业课老师，也是年级主任谢宇老师。谢老师对事业的热爱、忘我的敬业精神、对学生无微不至的关怀让金老师受到了良好的职业熏陶。

我们从金老师的经历中学到，要在大学的宝贵时间里，用心学习本专业知识以及其他领域自己感兴趣的知识，积极主动地参加相关活动和讲座，开阔眼界，增加头脑中的信息量，锻炼独立思考的能力，并逐步培养自己的责任感和使命感。正如金老师所说，不管做什么，最重要的是做一个有心人。

本科毕业后，金老师义无反顾地回到家乡的贫困山区任教；在取得诸多荣誉后，他放弃转向行政岗位发展机会，几十年如一日坚守在一线教学岗位，做着在他看来最接地气也最有价值的事。他用自己的选择告诉我们，明确并坚持自己的目标和追求，只要有能力，哪里都是施展才华的舞台。

在谈到如何完成从"高学历"到"好老师"的身份转变时，金老师的经历告诉我们，首先要"忘记"自己出身名牌大学的身份，从零做起，多请教、多学习；其次，要记住自己毕业于北京师范大学，时刻谨记不能给母校丢脸，以免由自负发展为懈怠。同时，在这一过程中，还要保持热情、掌握正确的方法、努力付出。

一个人如果想要真正地在一个领域做出些成就，必然会面临不少的困难。金老师提醒我们，一定要对此有心理上的准备，还要懂得筛选"性价比较高的问题"去优先解决。

在访谈中，金老师还启发我们，教师要在融通所教学科知识以及学科蕴含的思想和观念的前提下，以学生终身发展为目的，打造严谨的、有宽度和深度的、有思想和方法的、有人文关怀和情感意识的课堂。如果我们将来成为一名数学教师，应避免"唯分数至上"的教学，也要避免"数学教学"理论与"数学实践"课堂相脱节，要理解教数学是为了培养人的素质，努力为国家培养真正的人才。

[文]莫雁麟　王伯祎　刘容　杨森婷　史宋泽

19

肩负责任，引领未来

1989届校友沈新权老师三十多年来，一直坚守在教育教学一线，他觉得有成功，也有遗憾，但他教育的初心一直没有改变：要探索适合学生的教育，让学生成为他最应该成为的样子。

沈老师对教育的初心和对教育的见解启发了我们的思考，他认为教育是一种服务，要服务好学生与家长，为社会培养各方面优秀的人才。作为教师在面对学生时，不论是课堂上还是课堂外，都要春风化雨，去引领学生茁壮成长；在面向社会时，教师要让更多的家庭减少他们对自己小孩成长的忧虑。沈老师的经历让我们意识到，每一名教师都不能小看学生的潜力，应该关注所有的学生，这也包括那些自认为或被别人认为是"学困生"的学生。教师更不应将冰冷的目光投注到"学困生"身上，应该以教师的责任感去关爱、温暖学习困难的同学，帮助他们分析学习困难的原因，想方设法激励他们，帮助他们成长。

　　沈老师的经历告诉我们，从学生转向职业人，尤其是转向教师这个职业，需要事先做一些必要的准备工作，准备得越充分，适应得就越快。首先要明确自己是否真正喜欢高中数学教师这个职业，确定了自己真的热爱这个职业后，接下来要做的事情是要学会和人打交道以及提高自己的专业能力，教师对知识的理解站位越高，他的教学就越容易触及知识的本质，也就越容易引起学生的兴趣，越容易让学生去理解和掌握。

　　我们也深刻意识到一名新入职的教师要想快速地融入高中数学教学生活中，要注意以下三点。第一，要和学生尽可能地多接触，多去沟通去了解，在教学中和学生建立良好关系；第二，要以"把每一堂课都当作公开课"的标准严格要求自己，上好每一堂课；第三，要坚持聚焦课堂教学，以学生为主体，运用多种教学手段进行启发式、探究式、开放式等多种形式的教学，通过情境创设、问题探究，实施以"问题构建"理念为主导的高中数学课堂教学。

　　每天挤出的两小时和假期里的闲暇时间是沈老师学习和提升的宝贵财富，沈老师的坚持深深激励着我们，无论是学生，还是教师，都要不断学习，努力提升自我，树立适合自己的远大理想，时刻保持对学习的积极性以及对疑难问题的好奇心与探索心。作为北师大学子的我们更要肩负起成为优秀人民教师的时代重任，去引领我们的学生，引领我们的未来！

　　[文]林淑玲　张星宇　董经纬　王阿凤　郝新蛟

20

怀赤诚之心，践敬业之行

百年全聚一百年

1989 届校友张宇甜老师回顾了自己的求学经历与选择教师这一行业的初衷，并与我们分享了三十余年执教生涯的收获和感悟。

张宇甜老师在北京师范大学度过了四年宝贵的求学时光，在这里不仅收获了扎实的专业基础、严谨的治学态度，更在赵桢、刘洁民、王敬赓等诸位老师的影响下，坚定了走上三尺讲台、教书育人的决心。

张宇甜老师对优秀教师所应具备的能力的独到见解让我们受益匪浅，她认为，一位优秀的教师，应当做到"心中有爱、腹中有货、纸上有金"，具体而言，应具备以下七种能力：第一，要忠诚于教育事业，对学生充满爱，把传授知识、培养品格、立德树人作为目标，让学生充分感受到教师的关心、期望和鼓励，成为学生健康成长的指导者和引路人；第二，要有坚实的专业基础和较强的表达能力，具备良好的协调管理能力，创造浓厚的学习氛围，充分调动学生学习的积极性；第三，要具备较好的处理人际关系的能力和沟通能力，有良好的心理素质和随机应变能力；第四，要富有激情与活力，善于发现生活中令人感动的片段或场景；第五，要有终身学习的意识，学无止境，教师不应局限于已有知识，要紧跟时代，坚持学习，不断充实自己；第六，要永远保持一颗年轻的心，努力跨越与年轻教师、学生的代沟，尝试着理解年轻人；第七，合理安排时间，坚持体育锻炼，常以优雅智慧的形象出现在他人面前。

三十余年的执教生涯中，张宇甜老师永远保持着一颗"不满足"的心，面对一批又一批的学生，她不断寻找新鲜感，精益求精，"很多事情值得努力，哪怕是讲一道题，也可以做一些变式，也可以在讲解的精度上做文章，教学方法和教学思路的优化是可以永无止境地追求下去的"。

最后，张宇甜老师给我们在校生提出了以下几点建议：树立短期或长期的目标；坚持不断给自己充电；珍惜实习机会，把理论和实践相结合并做好反思与总结；多读一些专业性强、具有深刻意义的学术报刊或修身养性的书，如《中学数学教学参考》《数学通报》等；训练自己的表达能力，做到语言清晰、精练，富含激情；坚持锻炼身体，时刻保持良好的状态。

以爱为本，倾心教育。张宇甜老师把自己的青春都奉献给了学生，在基础教育事业这块热土上实现着人生价值，留下了奋斗的坚实足迹，是每一位立志成为有理想信念、有道德情操、有扎实学识、有仁爱之心的"四有"好老师的北师大学子的榜样！

[文]石旋　杨逸　吕甜心　文灿　孟令瑶

21

脚踏实地，砥砺前行

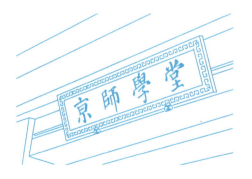

1994届校友曹利国老师针对同学们目前比较关心的专业课学习、实践教学和未来就业等问题给出了自己的一些建议。

在数学专业课的学习上，相信很多同学新入学都面临着不适应的情况，曹老师从教学角度分析了这种情况的成因后，我们发现这是由于大学数学专业的课程更加注重推理证明，也很少有像高中那样针对某一个知识点的细致讲解，学习上是存在着一种跨越的，因此非常考验同学们的自学能力，在课后也需要反复温习课本知识。

曹老师从事教学已有二十余年，对于学生的成长倾注了非常多的心血，在了解了曹老师的教学过程后，我们认为有两点是需要我们真正在从事教学工作中多加体会的。

第一，学会放手。要给学生更大的空间去探索，面对问题和学生共同探讨，鼓励学生超过老师。

第二，形象化讲解。我们看起来很简单的问题在实际教学中可能并非如此，因此在教学中可以恰当地使用图形化的工具来帮助学生理解知识。

而在目前大学四年级学生关注的就业方向上，曹老师肯定了数学专业学生的数学功底以及在"学为人师，行为世范"的校训下培养出的师德师风，但同时提醒同学们在就业时需脚踏实地，扎实提升自己，他强调"一万个 0 比不上一个 1"。

此外，曹老师引导我们进一步认识到在就业前明确自己定位的重要性，无论未来从事基础数学研究还是转计算机、金融等其他专业，都要早做打算。实践方面，曹老师给出以下建议。

第一，把握机会。在已有平台上，琢磨怎么样提升自己的工作能力，达成工作目标。

第二，要根据周围环境灵活调整策略。外界环境和政策的变化需要我们去敏锐地发现，接着需要进一步制订与之相应的教学计划。

第三，扩大自己的影响力。积极了解所从事行业的相关信息，掌握更加优质的资源，这对于未来实现自我职业突破非常重要。

[文]张馨月　孙靖钧　龚继鑫　陈梦阳　陈子怡

22

学高为师，身正为范

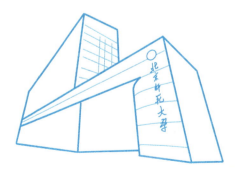

1995 届校友吴鹏老师提到新老师的入职准备，让我们深刻认识到作为一名新老师，首要任务是备好课，把数学本质的东西琢磨清楚，思考我要教给学生什么东西，要理解学生和学生的思维，理解学生思考问题的方法和角度。一些专业的教学理论的书籍，尤其是数学教学理论的书籍，可以提前去学一学，有了这样的知识储备，在走上工作岗位碰到类似的问题时，就可以结合理论基础来解决。同时我们也学到，新教师做一个三年到五年的规划是很有必要的，借助规划来帮助自己建立成长目标。吴老师也分享了他当时的经历，他会大量地阅读教育教学方面的杂志，上面有很多优秀教师发表的文章，结合具体的教学案例分析如何去处理问题。还有一些教学参考书、汇集在一起的一些教学案例，对吴老师的教学影响也很大。

在访谈中我们也了解到景山中学在招聘数学教师时有一定的标准，其中包括扎实的数学功底、对教师职业的热爱、一定的组织能力、一些基本功（如语言表达、书写板书以及对待学生的态度等），这为我们如何提高竞争力指明了方向。作为一名北师大学子，我们无论在学术氛围和学术功底方面，还是在教师理念与教师素养等方面都有一定的优势。做一名优秀的中学数学老师需要扎实地掌握许多知识，知识储备越丰富、越厚实，看数学问题也越透彻，教导学生也越得心应手。如果有从事教师职业的想法，不能单单依靠学校或学院，我们要对自己有这方面的训练和要求。

吴老师从学校教师的角度给出关于个性化教育的建议，让我们明白个性化教育资源的供给离不开学校的规划和教师的专业素养。作为教师，我们就要提高自己的能力，比如说课程开发的能力：除了课本上的知识还能教会学生什么？在国家教育改革上，吴老师让我们意识到，教改各项规定的提出更可能是一种导向，需要慢慢地去实现，我国的教育正努力提供更加高质量的供给和更加均衡的服务。

整场访谈，受益匪浅，从吴老师身上，我们既看到扎实的学识，谦逊的谈吐，更看到了吴老师实实在在育人的心，信念和操守历久弥坚。

[文]陈子怡　何文静　何展思

23

我的大学

四年前，刚刚收到北京师范大学录取通知书的我，曾经反复摩挲"学为人师，行为世范"这八个底蕴深厚的字，思索这八个字的真正意义。从小受爸爸的影响，我对数学产生了浓厚的兴趣，虽然高考数学成绩只拿到 131 分，但这丝毫没有阻碍我对数学的追求和执着。

来到北京师范大学，我有幸遇到了数十年来在数学和教育领域耕耘不辍的王梓坤院士。王先生学生时代艰苦求学，拼命夯实基础，最终将"随机过程"烂熟于心，在书的扉页上写下两行俊秀的小字——"精诚所注，石烂海枯"。王先生耕耘于三尺讲台，传道授业解惑，予人以美好和希望。在王先生身上，我看到了对"学为人师，行为世范"的真实注解。王先生对数学执着、纯粹、锲而不舍的态度成为激励我不断前行的榜样和动力。因此，我毅然转入北京师范大学数学科学学院，继续追寻我的数学梦想！

三年来，从早上 8 点到晚上 11 点，日复一日，每一门数学专业课我都尽可能多地自主学习多种版本的教材，把作业当成科研，每学期都会用掉几斤重的 A4 纸。最终斩获 9 门数学专业课 5 门满分，仅 1 门低于 98 分的成绩，数学类竞赛获省部级以上奖励 8 项。在保研时，我毅然选择继续留在北师大，并非常荣幸成为王梓坤先生的"徒孙"。百年师大、百年数学，在进入王梓坤先生的师门后，我感受到了北师大数学人精神的传承和"学为人师"的重量，那就是先要苦学、精学，做踏实的学问人，才能用这种学术态度去影响更多人。这四个字不但激励着过去的我，也在勉励我将这种精神继续传承、发扬光大。

我曾以为唯有学术大家才堪称"行为世范"，却发现"世范"之行，也渗透于生活中的点点滴滴。王梓坤先生曾和我们说，科学工作者的基本素质要求，"德"居其首。从大三下学期起，我主动承担学院的学业帮扶工作，为同学、师弟、师妹进行学业辅导，截至目前共辅导数学分析和数理统计两门专业课 36.5 课时，

128 人次，备课时长和线上答疑近 73 小时。一块黑板，几支粉笔，教学楼、报告厅、微信群甚至楼道，只要同学们有需要，我就随时走上学业帮扶的讲台。最终数理统计课上我帮助的所有同学全部通过了考试。其中一位面临退学风险的同学，期末考了近 80 分，重拾了学习的信心和动力！此外，我还把自己三年来积累的学习资料和经验上传至师大云盘，分享给更多同学，帮扶和分享还将持续下去！在这个过程中，我一次又一次感受到帮助别人的感动与成就。我是一个再普通不过的数学人，也是一名新时代的大学生，也许今天的我无法以一己之力"行为世范"，但我希望通过自己的一点一滴、一言一行，传播学习方法、帮助更多同学，以小我带动大我。

学于师大，感恩师大。在北京师范大学的这几年，我收获颇多，也成长良多。感谢默默付出的各位老师！也感谢同窗好友，陪伴我度过美好的大学生活！

[文]张润

第 3 章

笃行不怠，砥砺深耕

24

未来可期：要成为一名优秀的教师，
首先要拥有最基本的教师素养

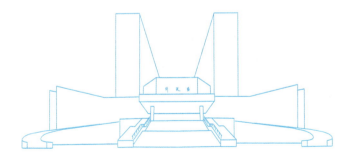

教师在传道授业解惑的同时，也在用自己崇高的世界观、人生观和价值观引领着学生。因此，要成为一名优秀的教师，首先要拥有最基本的教师素养。那么，现代教师应具备的基本素质有哪些呢？

（一）身心健康，完美的人格态度

教师不仅要有学识，还要有健康的体魄，这样才能担负起繁重、艰巨的工作，并按时完成任务。作为教师还需要有人格魅力，在教书的过程中，教师的性格会影响着学生，所以教师拥有人格魅力会如春风化雨，在教育活动中也会给学生以潜移默化的影响。

（二）忠于教育，正确的价值取向

在由教师和学生共同构成的课堂上，作为一位人民教师首先要树立正确的价值观。

（三）育人为本，良好的职业操守

"育人为本"是教育的生命和灵魂，是教育的本质要求和价值诉求。教书是教师的职责，育人是教书的根本。在教学过程中，只有做到德育与智育的统一、教学能力与育人能力的统一、"学高"与身正的统一、个人与社会的统一，才能体现一个教师的职业操守。

（四）学高身正，高尚的品德言行

品德内在，言行外显。教师的言行举止从一定程度上能反映出他的工作能力，所以优秀的教师要在行为举止上约束规范自己，遵守教师的职业规范。

（五）一专多能，多元的知识结构

时代在发展，学科教育也应不断丰富变化。作为新时代的教师，不仅仅要掌握一门专业学问，还应储备多学科知识，构建多元化的知识结构，才能更好地发挥教师的教育功能。

（六）精通业务，娴熟的教学艺术

对于教学内容，不能仅停留在课本上，在教授的过程中，教师不仅仅要处理好课本上的内容，还应该适时补充，对于不同的知识讲解要采用不同的教学手段。将丰富的知识和优秀的教学方法结合，使教学充满魅力。

（七）学以致用，较强的工作能力

教师的工作能力主要包括教学能力、表达能力、交往能力、教育科研能力和适应环境能力等。

（八）广博精深，深厚的文化素养

教师不仅是教育者，更应该是受教育者。教师要处处丰富自己的知识，不断超越自己，以"外塑形象，内强素质"的理念，努力提高自身的人格魅力。

（九）与时俱进，先进的教育观念

拥有先进的教育观念，要求我们要平等地看待每一位学生，看重每一位学生的潜能，尊重学生性格的多样化和差异，使每一位学生得到发展。

（十）积极进取，执着的创新精神

教师要勇于突破"权威"，教育是不断变化的，我们要适时改进教学方法，明确自身的责任，使教育不断发展。

陶行知曾说："在教师手里操着幼年人的命运，便是操着民族和人类的命运。"社会对教育发展的要求，归根结底也是对教师的要求。

[文]王丽萍

25

教师成长：先成为教师，再成为优秀教师

如果说优秀教师具有突出的特质，那么在做人方面，一定是一个大气之人，是一个有大爱之人，同时是一个有大担当之人。简单说就是大气、大爱、大担当。大气就是包容、开放；大爱是能爱所有的孩子，无论这个孩子怎么样，都会从心里去爱；大担当，不是仅仅站在知识和学科的角度，更是为了每个孩子的明天，为了这个民族和人类的一种担当。原北京第二实验小学校长、现北京市正泽学校校长李烈老师说过："我喜欢这样表述好老师，一位优秀教师：一长，多能，零缺陷。零缺陷主要是指无论是人格，还是心智，还有他的专业等，综合方面没有哪一个方面存在着明显的缺失。"从能力来说，优秀的教师都应该有"三种力"。

第一，感受力，特别是注重感受他人感受的能力。因为教师面对的是孩子，孩子（感受）是独特的，与成人不同，所以对孩子的视角，即使是一种错误的感受，教师也要有特殊的敏感。

第二，优秀教师一定要有学习力。作为教师要不断地终身学习。学习力表现出他的感悟力，表现出他的研究力，同时也表现在他的行动力上。

第三，引领力。优秀教师要能够感染、激发、唤醒、开发孩子们的潜能。

有这样"三力"特质的教师，我就认为是位优秀的好教师。教师不仅是职业，我们更应该把它看成生命的历程。尤其是初中阶段的学生既有对自我意识的觉醒，又难以正确把握自己的方向。在他们审慎又警觉的目光里，说理一不小心就会变成说教，共情一不经意就会成为煽情。说教和煽情带动不了学生情感认同和行动自觉。我们需要一步一步地、小心地扯开学生们那看似无动于衷的表象，用理性建构知识，用细节还原真相，用真相触动情感，用情感激发信念，用信念唤醒行动。这是我所期待、所构想的和谐师生关系。我想好的教育应该是用关爱铺成每一个细节，向学生伸去一只有温度的手，让他们握住我们的手，向着阳光的方向走一步再走一步。

[文]王丽萍

26

如何迈好教师生涯第一步

如果你的目标是成为一名人民教师，我觉得在大学期间你就需要从以下几个方面做好准备。

首先，要关注数学教育的发展，了解教育改革的前沿动态，做到心中有数。如果可能的话，可以研读一下《义务教育数学课程标准（2022 年版）》《普通高中数学课程标准（2017 年版 2020 年修订）》，这里凝聚了当前数学教育最核心、最重要的理念。

其次，要不断提高自身的学科素养。事实上，无论我们去哪所中学应聘，大概都会有笔试这一环节，这是让应聘学校最直接了解你的途径。在平时做一做各地的高考题，能够让我们在应聘过程中处于比较有利的位置。

最后，尽可能地提升自身的教学基本功。一方面，可以积极参加学校组织的各种教师素质培训和比赛。另一方面，要尽量争取中小学实习、代课的机会，这样的经历是招聘学校非常看重的。

应聘成功之后，恭喜你，你的教师生涯已经起航了。但是，从起航到远航，从远航到领航，需要我们不断学习和成长。入职之后，我觉得大家不妨从以下几个方面做一些尝试。

首先，要虚心学习，不断成长。对于一名新老师而言，入职后的前三五年是我们教师生涯最重要的阶段。因为在这个阶段，我们会取得最大的进步。同时，我们的教学风格、教学习惯也会在这几年中定型。因此，我们要抓住这个职业上升的黄金期。当我们入职一所学校后，如果身边有资深的老教师（或者学校为我们指定的"师傅"）那就太幸运了。如果可以，我们尽量坚持听"师傅"的课至少一轮（3 年），因为这样会让我们对教学体系有整体的把握，对教学内容有更深刻的认识。

其次，要积极参加各级各类的教学比赛，珍惜每一次锻炼的机会，做好每一次的教学设计和教学实践。那如何设计好一节课呢？我有以下几点建议：

1. 根据自己的特长选择合适的课型和课题。

2. 教学背景的阐述要紧扣课标，教学目标的确定要基于对教学内容和授课对象的分析，做到可操作、可观察、可检测，注意强调学生过程性的收获。

3. 教学环节的设计要有深入的学生活动，要有明确落实重点和突破难点的环节，要有充分的预案。

最后，保持初心，葆有情怀。苏联教育学家苏霍姆林斯基曾经说过："如果你能让每一个学生在学校里抬起头来走路，那你就是一个成功的教育工作者。"作为一名教师，不仅要教书，更要育人。当我们把教育作为自己的毕生事业时，我们就会在做教育的道路上发现很多美好的风景。

"学为人师，行为世范"是我们每一位北师大人应有的信仰，希望能有更多的学弟学妹们投身教育事业中来。

[文]刘丹

27

相信科学的力量，不断学习

常有青年人说，教师是一条一眼望到尽头的路。这句话很值得玩味。

首先，其实所有职业都是一眼望到尽头的，只是我们更加熟悉教师职业而已。

其次，教师是一条一眼望到尽头却完全看不到沿途的路。这条路上，充满着阳光雨露，偶尔也会有疾风骤雨，常常平坦通达，却也有坎坷泥泞。这条路上的丰富与精彩，是大家现在根本想象不到的。我很幸运走上了这条道路，我也很期待数学科学学院能有更多的人也走上这条道路。此刻，回望这走了十年的路，我最想和大家分享的一句话是"相信科学的力量，你会沐浴在鸟语花香之中"。

真正走上教师岗位后，你会收获独属于教师的幸福，但同时也会遇到很多问题，你会遭遇职业困境——下一步我到底朝哪里发展，怎么发展？是的，教师道路也有很多分支，需要我们选择，教师道路也有很多高峰，需要我们攀登。当大家将来遇到这些情况的时候，我希望大家能够想起这句话——相信科学的力量。

当你掌握了认知心理学和脑科学的知识时，对于如何挽回一个深度沉迷游戏的孩子，会增加一些科学的指导办法；当你掌握了群体心理学的知识时，营造一个积极向上的班级氛围，不会觉得无从下手；当你掌握了情绪心理学和交流沟通的知识时，赢得家长的支持与配合，也会变得不那么困难。

你们将来可能会成为学校的管理者。当你掌握了调查研究的知识，你就不会被表面现象所蒙蔽；当你掌握了经济学管理学的知识，你就能识破很多问题的本质；当你掌握了自省和自我革新的知识，你就能在赞扬与肯定中保持清醒，不断前行。

因为相信科学的力量，知道逐步成长本就是科学规律，我们就不会因自己目前还不掌握这么多的知识而焦虑。因为相信科学的力量，具备实事求是、小心求证、对症下药这最基本的科学精神，面对一个问题时，我们就会去追问它的本质是什么，而不是问我们应该怎么办。

因为相信科学的力量，掌握自我察觉、分析与规划的能力，我们就不会遭遇职业发展的迷茫。

同学们，教师在岗位分类中属于专业技术人员，专业意味着要有科学，技术意味着要应用科学。

守住初心，奉献爱心，我们可以成为一名好教师，而相信科学，应用科学，我们可以成为一名更有价值的教师，可以收获更为精彩的人生。

追求卓越，造福更多学生，这是"北师大数科人"的底色。未来道路上，我们共同前行。

［文］苟晓龙

28

在职业中进行自我实现

我成为一名高中数学教师已经十年了，今天很荣幸在这里和大家分享。也许你也会成为一名教师，也许你会有其他的人生轨迹。如果将我们的职业比作一条路，那我想对你们说以下两点。

第一，勇敢前行，不要怕走弯路。

我教书十年了，这一路并不平坦，可以说是在跌跌撞撞中成长。初上讲台，头顶北京师范大学的光环，人难免是骄傲的，也走过不少弯路。例如，听"老带新"师傅的课只听了两三节就自以为掌握了要领，后面偷懒就不去了；以为带班只需要完成教学目标，而忽视了关注个别临界生、后进生，导致自己第一轮带班因教学业绩不够没能带到高三。

正是这些"弯路"让我知道成功没有捷径，让我明白"机会只留给有准备的人"。当我回到高一开始带新

155

一届学生时，我就认真备好上好每一堂课，抓住一切机会，主动争取承担各级各类公开课，认真准备比赛、磨课。功夫不负有心人，我所参加的优质课比赛均斩获一等奖，因此被评为贵阳市"教坛新秀"。我的教学成绩也逐渐突出，连续四年承担了毕业班班主任和数学教学工作，所带班级学生成绩逐渐领先，教学风格也受到学生喜爱。我从 2019 年起担任数学备课组组长，成为骨干教师。

谁没有走过弯路呢？谁能肯定自己走的每一步都是正确的呢？走弯路其实不可怕，可怕的是走错后没有及时纠正的决心与魄力。鲁迅先生说过，不要怕，不怕的人前面才有路。我们不要怕走弯路，也不必害怕跌倒，因为只有跌倒才能学会成长。犯错并不可怕，但要从错误中吸取教训，不再被同一块石头绊倒。

第二，坚定前行，享受沿途的美。

教师这个行业，很多人觉得辛苦，付出与收入不成正比，极易产生职业倦怠，是什么让我们坚持下来？有人说是不忘初心的使命感，有人说是桃李满天下的成就感。我想可能还有乐在其中的满足感。

　　作为班主任，我也曾因为自己的不成熟和学生发生过摩擦，也曾因为自己年轻而管不住学生。但我发现年轻不正是我的有力"武器"吗？因为年轻，我可以更好更快地融入学生，了解他们的真实想法。我参加了校运会所有的集体项目，和学生一起参加合唱比赛、戏剧大赛，义卖活动穿上汉服为班级站摊，和学生一起参加啦啦操比赛，每天坚持和学生一起跑操。我所带的班级获得戏剧大赛表演第一名、最佳跑操班级、排球比赛冠军等好成绩。学生亲切地称我"朱哥""二师兄"。很多学生毕业后告诉我，感谢我不仅教会了他们数学知识，也给他们的高中生活留下了很多美好回忆。而我对他们说：我也谢谢你们，因为和你们在一起，让我觉得自己一直年轻。

　　自我实现所带来的职业幸福感比金钱和荣誉要让人满足得多，所以亲爱的学弟学妹们，如果你已经选择了远方，那就坚定地前行，去享受这一路繁花美景吧。

［文］朱毅

29

教育是一次爱的定投

刚毕业的时候，带着对未来的憧憬，大家对工作的热情都是非常高的，但事实上很多时候并非如你所愿，尤其是北京师范大学毕业生的身份所带来的高期望值也会产生无形的压力。例如，公开课一定要讲好、班主任一定要当好、平均分要比同类班高等，要知道教师的工作不是一锤子买卖，带一届学生要三年，每一天的工作都是重复的，不可能天天都是有趣的，时间久了，与工作之初的憧憬相比就会产生一定的心理落差。

我的第一个建议就是不要把自己想成是万能的、无所不能的，作为一个刚入职的新人，重心应该放在"学"上，学习老教师的教学方法、教学经验，学习如何与同事、领导相处，学习如何与学生相处，还有就是多看书、多思考，在课堂上多实践。工作可以重复，但课堂可以不重复，把讲台当作舞台，把一节课当作一场脱口秀，用你所学、用你所想、用你所为去启发和影响学生。

结合我个人的经验，第二个建议就是刚毕业的时候最好先不要当班主任，可以过一两年，再去当班主任。教学上驾轻就熟，心态上更加成熟，准备更加充分，可能会更容易适应班主任这个工作。回想自己的经历，我觉得刚工作的那两年对我后面的影响非常大，那两年精力最充沛，学习到的东西最多，为以后的工作打下了坚实的基础。

工作这几年，我有一些同学或同事更换了工作，有的甚至换了行业。教育是一场"持久战"，需要付出大量的时间和精力，作为老师要有足够的耐心，心中要始终有一颗太阳。冰冻三尺非一日之寒，学生所学非一时之所学，其行也绝非一日可成，影响学生的绝不是一次班会、一次谈心这么简单，是三年的耳濡目染，所以我一直告诉自己，即使你的学生没有想象中那么优秀，也不要忘记自己当老师的初心，不论多难都要坚持下去。我没有放弃他们，他们就不会放弃对"好"的追求，如果我自己选择性地放弃了，那么我如何鼓励我的学生去坚持呢？很多时候，学生的进步和变化并不是一天两天能够看得到的，有的学生可能三年下来毕业的时候你才发现他们身上的一些变化。教育的意义就体现在教师坚持的过程中，坚持也是一种价值的体现，心中的那颗太阳会给予我们坚持下去不竭的动力。

把教育当成一次对学生爱的定投，坚持下去，时间久了，才会收获更多爱的回报，回头再看，你会发现开始的那点波动其实并不算什么。

[文]刘延卿

30

如何寻找一份适合我们自己的工作

工作是一个人连接社会、融入社会、实现自我价值的媒介，对我们每个人都非常重要。虽然工作本身没有区别，但由于社会分工的不同，未来从事的工作也有所不同。所谓"三百六十行，行行出状元"，即使是最平凡的岗位，只要踏踏实实工作，都能实现自己的价值，收获属于自己的精彩。由于每个人的成长经历、个性、所学专业都可能不同，因此如何寻找适合自己的工作是一个关键问题。今天，我想分享的内容是关于确立职业目标和规划成长的一些思考，希望能对同学们有帮助。

第一，了解自己的个性是非常重要的。个性是一个人相对稳定的一种特质，只有充分了解自己的个性，才能更好地寻找适合自己的工作。为了了解自己的个性，可以从兴趣和性格两个方面入手。兴趣是最好的老师，探索自己的兴趣类型（如研究型、艺术型、社会型等)可以帮助我们寻找适合自己的职业发展领域。而性格类型则涉及内向还是外向、理性思考还是感性认识等方面。只有在对自己有一定了解的基础上，才能判断一个职业是否适合自己。确立了职业目标，也要多问问自己，是否真正喜欢这个职业、是否与自己的个性相匹配、是否能胜任这个职业等。

第二，了解自己所学专业是非常必要的。无论什么原因，我们选择了数学专业，就必须在选择职业之前了解自己的专业，明确学好数学可以从事哪些工作。数学中蕴含着无穷的乐趣，从中可以体会数字、逻辑之美，如果选择数学专业是出于兴趣，那么我觉得可以考虑深化你的兴趣，继续升学深造或是从事一些科学探索性的工作；如果选择数学专业是为了"学以致用"，则需要考虑如何将所学应用到实际工作中、平时如何提升自己的职业技能、自己能否胜任这个职业等，并以此作为基础筛选适合自己的职业。

第三，了解与数学相关的职业是非常关键的。由于成长环境的不同，我们了解职业的过程实际上是对职业做筛选的过程。只有当一个职业能够满足自己深层次的价值取向、满足个人成长、职场环境和前景预期等方面的需求时，我们才能很肯定地选择这个职业。在了解一个职业时，可以从它的工作内容、职业发展前景、薪资待遇等方面入手。

第四，职业选择跟家国情怀有机结合才能为人生赋予更大意义。我们每个人天生具有社会属性，个人的价值只有融入集体价值才有意义。一百多年前，周恩来总理说"为中华之崛起而读书"，而在当下，习近平总书记说"到祖国最需要的地方建功立业"。这无不激励我们当下的年轻人努力奋进，为国家富强、民族昌盛全力以赴，所以择业当考虑国家人民之所需。在我心中，一个好的职业是抛去对物质的贪恋、对虚名的痴迷，而应该以能实现自己的价值为第一要务，那么在做职业选择的时候必然要思考自己所要从事的事业是不是国家和人民所需要的。

第五，进行细致可行的职业规划。相信大家经过上面的思考，对自己将来所从事的职业、领域、环境有了一定的概念。如果确定了目标，那么一份好的规划可以帮助我们更好地达到目标。接下来对我们预期从事的职业做深层次分析，了解这份职业所需要的学历、经历、学业、交际等方面要求，在大学期间制订切实可行的成长计划，培养自己这些方面的能力或履历，增强自己职场的竞争力，并且提升自己的职业技能，让自己未来能更好地胜任这份"职业"。

未雨绸缪，才能战无不胜！当开始思考的时候，当下决心改变的时候，就是最好的时候。最后，衷心希望同学们忠于内心，不必听流言蜚语，不必在乎冷嘲热讽，只是往前走，直到灯火通明。

[文]王发强

31

薪火相传，勇担责任

现在，有很多同学参加研究生考试。为了心中的执着和梦想，你们拼尽了全部的气力，青春已然无悔！努力从来不会被辜负，你们经历过的所有美妙的清晨，你们走过的所有铺满星光的道路，你们度过的所有布满风雪的夜晚，铸造了你们坚毅挺拔的灵魂，塑造了如今世间最美好、最青春洋溢的你们。

同学们，你们已经"长大"了。"长大"意味着承担一些社会和家庭赋予的责任，意味着拥有一份倾注了热爱和激情的"工作"。

遥想百年之前，中华民族积贫积弱，饱受强权欺侮。无数仁人志士挺身而出，带领人民追求独立与解放。正是有了他们的不懈付出和努力工作，我们才得以生活在繁荣富强的新中国。英雄千古，薪火相传！如今，我们国家正面临"百年未有之大变局"，积极投身于国家的建设，让吾辈之努力化作民族之气力，我们的祖国和人民才有更挺直的脊梁和更美好的未来。

　　同时，工作可以让我们最大可能地获得自我认同和价值感，并在这个过程中感受到爱和尊重，这对每个人都是非常重要的。在工作中，社会给予我们正向的反馈，让我们有力量追逐梦想、报效祖国，而这无疑是一种巨大的幸福！

　　同学们，愿你们都能勇敢坚持自己的选择，满怀激情投身于波澜壮阔的社会洪流，以梦为马，不负韶华！

[文]王发强

32

星辰大海，勇敢向前

亲爱的同学们，时光匆匆，你们即将迎来人生新的篇章。你们将离开校园，踏上各自的职业道路，在不同的工作岗位，安身立业、报效祖国。这是一件既让人兴奋又充满期待的事情！我相信你们对未来充满了憧憬，但是也不可避免地会有些许的迷茫。

选择是美妙的，没有好坏，只要脚踏实地，都能让自己的人生充实而富有意义。作为北京师范大学的一分子，我有幸目睹了很多同学在毕业之际各种各样的选择，人生绚丽多彩。许多同学选择了投身于基础教育事业，这让我由衷地感到高兴和骄傲。因为在讲台上，他们将承担着为党育人、为国育才的重任，意味着教书育人、传道授业，这是一份充满意义和价值的工作。同时，有许多同学毕业后选择继续深造，不断探索未知的领域，致力于达到更高的学术水平，追求真理的不朽……无论是从事什么职业，都有其内在的魅力和价值。有那些默默无闻、辛勤耕耘、一生坚守在平凡岗位上的人们，有保家卫国、守卫边疆、铁骨铮铮的战士……只要我们能够坚守自己的信念，秉持初心，就一定能够在平凡中铸就非凡，实现自己的人生价值。

我坚信，只要你们做出的选择是源于内心热爱和真诚的，是经过深思熟虑的，那么这份工作就是最好的。我为你们能够坚定自己的选择而感到由衷的骄傲和自豪。

未来已来，青春无畏。所有的路都在脚下，而所有的答案都在前方！

［文］王发强

33

敢问路在何方

最近在学院的问题信箱里，收到了一位同学关于就业问题的提问，他的问题是"担心未来不好就业，不知道数学专业学生的就业方向"，所以这一期我要分享的主题就是数学专业毕业生到底能做什么工作？

实际上，数学专业毕业生的就业前景非常广阔。数学属于基础学科，是很多理工科专业的基础，具有很广泛的应用。从事科学研究、数据分析、互联网软件开发、军事重工、金融分析、生物分析、保险研发、证券分析、国际贸易、投资咨询、工商管理、化工制药、通信工程、建筑设计等，都离不开数学专业的知识。

根据近年来的就业数据，我们学院毕业生主要有以下几种去向，希望能给同学们一些启发。

(1)继续升学深造，即前往国内外高校或是研究所读硕士、博士，进一步学习，继续提升专业知识技能，为以后从事更高难度的工作夯实基础，或是转换专业，掌握其他行业的专业知识。

（2）从事科研工作，即进入高校、研究所、公司研发部门等从事科研工作，努力成为科研领域的拔尖人才。

（3）从事教育教学，即教学工作，涵盖大学、高中、初中、小学等数学教师，以及教育机构培训师、讲师等。

（4）从事算法、数据分析类工作，包含金融保险行业、科技互联网公司以及芯片公司等，其实，各类比较大的单位、公司，一般都设有数据分析、算法研发部门，都可以作为备选。

（5）从事公务员、选调生等工作，或入职其他国有企业，比如电信等通信行业、船舶重工集团、国家电子科技集团、国家高速公路集团、电气集团等。

（6）其他不限专业的工作，比如销售类工作、服务类工作、自由职业（生活分享、摄影作品分享、美食分享博主）等。

北京师范大学数学学科是"双一流"学科，无论是在教育教学方面还是科学研究方面，都处于全国前列，希望同学们在任何时候、任何地方都要对自己持有充足的信心；无论遇到什么事情，都要做好充足的准备，认真做人、踏实做事，以热情饱满的姿态应对一切挑战。

敢问路在何方，路就在脚下！

[文]王发强

第 4 章
步履铿锵，向阳而生

34

一切经历都值得拥有

态度决定一切。一直以来我都认为做任何事情态度很重要，学习要态度，生活要态度，恋爱要态度，工作也要态度，做各种各样的事情都无法缺少态度。那么态度为什么这么重要呢？

人们常说态度决定一切，细节决定成败。态度是一个人做事情时拿出的一种心理状态，一种情绪外显，一种行为举止。大家有没有发现有些时候出现了很多问题，在问题解决之后反思，我们往往觉得重要的不是结果，而是在这件事情中每个当事人所持有的一种态度。

在学习中，我们期待能够取得一个自己满意的成绩，顺利完成学业，并通过在大学的学习锻炼自己各方面的能力，养成良好的习惯，培养自己的兴趣，多涉猎一些新的知识，多一些实习或实践，在自己喜欢的领域深耕。这就需要我们有一种主动的态度去克服自身和环境的困难，发现并解决问题，从而向上向远发展，打开人生新格局。

在生活中，我们期待每一天都很美好，日子过得有滋有味，丰富多彩，有诗也有远方，有自己的生活方式、习惯模式，也有自己可以支配的时间和空间，这就要求我们有积极的态度，让生活充满仪式感，去感悟、去经历、去品尝生活当中的酸甜苦辣咸。人生百态其意深远，没有经历风雨的人生是不完美的，站在高处去看，一切经历都值得拥有。

在工作中，我们期待自己被认可、被尊重，能展现优势，能和同事相处融洽，有发展的空间，这就需要我们有努力的态度，用专业的、敬业的、热爱的、付出的态度去完成工作。要知道你做出的每件事情，哪怕一个小小的细节也会有人看到，不要只看得到眼前的利益而错过未来的机遇。要知道有因必有果，不要因为一朵小花而错过整片森林，真诚、善良、上进、脚踏实地一定是不可或缺的。

同学们，你们会用怎样的态度去拥抱你们的人生呢？

[文]魏炜

35

保持好奇心

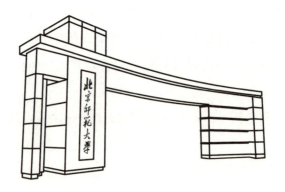

好奇心是什么呢？心理学认为好奇心是个体学习的内在动机之一、个体寻求知识的动力，是创造性人才的重要特性。在我看来，好奇心是让我生活丰富多彩的重要因素。

大部分时间我们要做的事情都是已设定好的，从早上醒来大脑就好像自动驾驶的汽车一样，按部就班行驶在自己的轨道上。我们慢慢熟悉这样的流程，形成了一个"舒适区"，越得心应手越舒适，越舒适好奇心越低。可舒适久了就会烦躁，因为觉得这个月和上个月的自己一模一样，未曾改变，就备感单调乏味。因此我们需要把生活交还给自己来掌控，在大脑自动驾驶的时候增添一些趣味，而这就是好奇心。怎样才能在繁复的学习工作生活中重拾我们的好奇心呢？

首先，学会提出一个好问题，尝试在常规的学习和工作中从另一个角度思考问题。比如图书编辑工作的一项重要内容是回复读者来信，来信内容大部分是题目不会解，我们回信也就是讲清楚原理和知识便完成了。但我们换个角度，把解答问题换成问自己一个问题：都是应用最基本的数学知识，为什么会有读者产生疑问呢？这样就会发现有时候是我们题目设置跨度偏大，也有时候是题目背景与部分读者的生活背景差异较大。这些发现会让我在下次图书修订的时候有抓手、有目标，也将按部就班的工作加入了自己的思考，拓展了我对编辑工作的认识。

其次，可以主动设置挑战。比如上学期间我可以完成每次的作业，那我是不是可以跟老师做一些科研项目；我可以组织室友开个学术问题小讨论，是不是也可以作为班干部组织大家开展团建活动；我可以三天完成建模比赛，是不是也可以申请北创国创，组织暑期调研活动。我们可以让自己的生活始终处于一种被拉伸的状态，对未知保持热情，积极探索，才不至于觉得生活百无聊赖。为自己一成不变的生活设置一些挑战，会重燃我们对事物、对知识的好奇心。

同时，我们可以保持接触新鲜事物的频率。这其实是最容易在大学期间做的事情。学校的培养计划会经常推出各种活动和交流项目，积极参加这些项目会在学校的组织下接触到不同院系、不同背景的小伙伴，从而感知到信息差距。也许在某一次实践中就确定了自己未来工作的方向。

最后，我想要分享的是好奇心与三分钟热度是不一样的，好奇心是为了让我们保持一颗积极的心，凡事坚持久了都会有点枯燥，而好奇心正是漫长旅途中的调味品和原动力，帮助我们在自己的道路上快乐前行。

[文]杨文慧

36

请不要给父母只留下一段"背影"

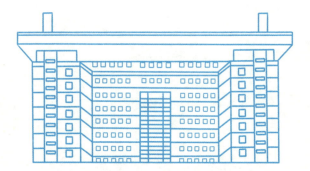

"人生跷跷板理论"告诉我们：人的一生就像在跷跷板上行走，总是得从低的那一头开始往高处走，每走一步，下一步就变得更加困难。来来回回挣扎了许多次，才发现要站在高点是多么的艰难，因为你永远无法站在你眼中所见的高点。

如果想要站在最高处，还有另一种办法：有人在跷跷板的低处支撑着你。对于此刻的我们来说，走到现阶段的高度，支撑我们的人是谁呢？我想那就是我们的父母。

提到父母之爱，很多同学都会想起朱自清的散文《背影》。作者看着父亲"戴着黑布小帽，穿着黑布大马褂，深青布棉袍，蹒跚地走到铁道边，慢慢探身下去"，穿过铁道后"他用两手攀着上面，两脚再向上缩；他肥胖的身子向左微倾，显出努力的样子……"这是镌刻在作者脑海里最深刻的一段父亲的背影。朴素的文字，却把父母对子女的爱表达得深刻而动情。父母往往就是这样，以再平凡不过的行动，默默地支持着我们成长。

朱自清的《背影》让我们看到了父母质朴的爱。然而，你可曾想过，将孩子送上开往另一个城市的火车时，他们远远望见的也正是我们背上行囊、踏上成长之路的背影。这一段"背影"却流露着父母与子女渐行渐远的无奈。

父母是我们每个人生命中无法割舍的一部分，他们与我们之间的联结离不开也丢不掉。然而，一代人有一代人的想法，我们与父母难免会有想法错位的时刻。你是否因此而抱怨过，甚至质疑过这份来自家人的感情？

或许你会因为达不到家人的期待而焦虑，或许你会因为父母的严苛而厌恶，又或许你会认为父母对自己的理解程度还不如朋友而与他们产生隔阂……这些"或许"会让我们觉得父母还不够"完美"，但是在渴望拥有"完美父母"之前，首先问问自己了解他们吗？

父母的生日是哪天？结婚纪念日是哪天？

他们最喜欢吃什么？最喜欢玩什么？

他们现在做什么工作？工作都还顺心吗？

他们最近一次生病是什么时候？情况严重吗？

他们期望中的晚年生活是什么样的？

他们生平最得意的事情是什么？最遗憾的又是什么？

他们最关心你什么？最不放心你什么？

亲爱的同学们，如果不能立刻回答以上问题，记得快去找找答案吧！在我们追逐成长的路上，在与家人渐行渐远的路上，请不要给父母只留下一段"背影"。或许，父母就在身后目送着你，等你一个"爱的转身"。

[文]郭晓川

37

朝着长期目标坚持不懈地前进

还记得我刚进入北京师范大学数学科学学院的时候，和很多同学一样经常对学习感到困惑，困惑数学为什么这么难学，困惑这么多的抽象数学符号和定理到底有什么作用，困惑自己未来的方向到底在哪里。在大学时期，学习数学给我带来的"多巴胺"是很低的，但我很庆幸当年选择了多一些的耐心和坚持，让我在多年之后收获了能够长期保持的"内啡肽"。时至今日，当我读完了硕士、博士，从中国走到美国，又从美国走到欧洲，现在回到祖国走入工作岗位之时，我回头发现，数学给我带来的除了一定的专业基础和逻辑思维外，最重要的是给了我一个追求长期"内啡肽"的工作和生活态度。

多巴胺和内啡肽都是人体内提供快乐的两种激素，但两者产生机制不同。多巴胺是一种奖励机制。当你做了喜爱的事情，比如吃零食、玩游戏、刷短视频，就会分泌多巴胺，就会感到快乐。然而，这种快乐往往是表层的，容易获得却不易持续，并且产生的门槛会越来越高，需要不断对大脑有更强的刺激才能产生同样的快乐。内啡肽则是一种补偿机制，当我们在做一些困难的事情时，比如跑步、健身等短期有痛感的事，内啡肽就会分泌出来以产生快乐来补偿痛苦。当我们付出的努力越多，内啡肽分泌得越多，我们越能感觉到这种延迟满足带来的充实和幸福。

习近平总书记指出，幸福都是奋斗出来的。我后来发现，成功的人往往都会避免追求短期的利益和快感，而有着追求长期主义的精神。在相对踏实沉稳的北京师范大学学习数学为我们提供了一个训练追求内啡肽的绝佳环境。学习数学的路途中难免会碰到各种各样的困难和痛苦，这个时候我们需要拿出马拉松式的坚持，跑过"极点"，锻炼我们的心力。长期主义精神就意味着我们应该尽可能减少短期得失对自己的影响，朝着我们长期的目标坚持不懈地努力前进。这个训练过程就如同健身或是长跑，需要的技巧性其实并不高，更多的是给自己多一点耐心和恒心。当有一天你发现自己能够轻松跑过原来的"极点"，或是能够将以前所学运用到真实工作和生活中，内心收获的欣喜和充盈往往是短期的多巴胺所无法比拟的。

虽然我们朝着长期目标坚持不懈地前进并不一定都能成为伟大的数学家，但我们一定能够感受到长期持续的充实和幸福，收获一个更加轻松和愉快的人生。

[文]吴柯

38

接纳自我，悦纳自我

考研初试已经结束了，接下来的日子又该怎么做呢？我们以考研为例，说说自我接纳这件事情吧。

有人会继续沉浸式坚定地学习，开始准备下一个 365 天；有人会开始忧虑考研的结果，设想着无数种可能；有人则会积极准备复试；还有人会先选择放松、歇歇，等待结果出来再做打算。

你会是哪一种呢？

其实，无论结果如何，首先要做的是放松心情，不徒劳地设想没发生的事情，接受自己，进而悦纳自己。这就像数学中的命题，"数学人"常常很容易做出一个假设，给出一个很强的逻辑推理，并经过谨慎思考给出严格的证明，得到接受自己的这个结论。

接受自己的不完美是一个过程，再到悦纳自己，进而重新制订计划，继续向前更是一个挑战。其实，我们每一个人都一样，有开心、有焦虑，有低沉、有

195

兴奋，有矛盾、也有憧憬，各种情绪可能都会充斥在我们的生活中。

那如何做好自我接纳这件事情呢？

首先，要允许自己有这样、那样的坏情绪，要允许自己有做得不完美的地方，要认可每个人其实都一样。很多事情，我们看的仅仅是表象，而不是内在，这样你就会获得积极向上的力量，你的压力就会减少很多。学会接纳自己，你的心理阴影面积就会小很多。所谓的不好，带来的正面影响就会更多。所以"大声唱，为自己鼓掌。我和你一样，一样的坚强，一样的全力以赴追逐我的梦想，哪怕会受伤，哪怕有风浪，风雨之后才会有迷人芬芳"。

[文]魏炜

39

寻找热爱，坚持自我

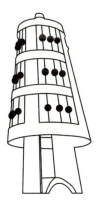

你听说过俄国数学家索菲·科瓦列夫斯卡娅的故事吗？在她八岁的时候，全家搬到了波里宾诺田庄，由于墙纸不够用，父母就在她的房间里用微积分讲义来糊墙壁。那时，索菲·科瓦列夫斯卡娅常常独自坐在卧室的墙前，望着墙上奇妙的数字和神秘的符号出神，一坐就是好几个小时。后来，她在自传中写道："书页上那些奇怪的公式，甚至文字的表述，都在我的脑海里留下了深刻的印象。"长大后她凭借对数学的热爱和坚持做出了卓越的贡献。

我一边怀着十分崇敬的心情阅读数学家的小故事，一边也会思考自己真正的热爱所在。好像有的人生来就知道自己喜欢什么，他们的目标像在一个完备的空间里，只需要一步一步地如柯西列那样逼近，就一定会收敛到自己的心之所向。但对于我来说，或许一开始的空间就很模糊。

　　但是时间总是不等人的，愿或不愿，它总是裹挟着我们向前。于是，我们先着眼于当下，不再执着于到底自己喜欢什么，只是先简单地问自己：做这个你喜欢吗？做那个呢？也许是客观题总比主观题好回答，短暂的目标也让我的生活变得有动力，慢慢从各个角度弄清楚了到底想要什么。

　　这是一个好的时代，我们拥有着多样的选择。当然诱惑也很多，坚持自我总是很难。在逆境之时，希望我们都能在寒风中坚持自己的热爱，看看它究竟怎样一步步沿着我们所期待的方向一直走到春天！我们就是自己的太阳！

［文］江曦琴

40

与挫折和解

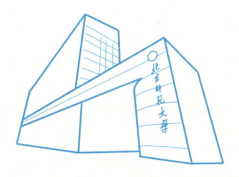

在我们成长的道路上，会面临很多的挫折和失败。当我们离开父母的庇护，初入大学而无法适应新环境会遇到挫折；努力学习却仍比不上其他同学会遇到挫折；追求被拒、恋爱分手会遇到挫折；找工作失败、考研失利会遇到挫折；研究生从多姿多彩的本科生活迈入高强度的科研新生活也会遇到挫折……面对挫折，有的人能够百折不挠，直面困难，进而走向成熟，完善自我；而有的人会一蹶不振，消极生活，耽误了大好前程。那我们该如何面对挫折呢？

首先，我们要弄清楚挫折产生的原因，并接受挫折已经产生这一现状。挫折往往产生于我们的个人意志受到阻碍或制定的目标无法满足，从总体上可划分为由外界事物阻碍带来的外在因素与个人的生理、心理带来的内在因素。一般这时候我们都会有烦恼、困惑、焦虑、愤怒等负面情绪，并试图逃避问题，但这都是正常现象，不代表我们没有克服困难的能力和勇气。我们可以通过散步、听歌、运动以及做其他事情转移注意力等方式来度过这一难熬的时期，多找朋友、家人沟通，必要时候可以咨询老师以及专业人士。

接下来，我们应该慢慢将自己调整到着力克服困难的积极状态上。将挫折产生的原因逐条列出，再制订攻克每一个问题的计划与方案，一步步脚踏实地地改变现状。比如每天执行一件对解决问题有效的事情，每周重新对自己进行一个审视，当完成情况较好时给予自己一些奖励。计划的制订与实施不但能给自己一定的鼓励和宽心，还能将自己维持在积极向上的状态，更有利于应对挫折。

我们最终都会与挫折和解。当回顾挫折发生与和解的过程时，我们一定能从中吸取教训，总结经验，对外部客观事物与自身内在有更加清晰的认知。我们要相信，挫折只会带给我们短暂的困扰，度过挫折的过程会带给我们一生受用的优良品质。

[文]秦默言

41

压力管理

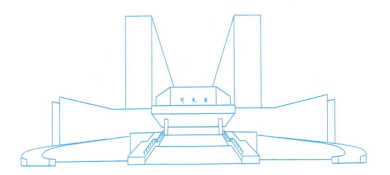

最近有许多同学反映自己各种小状况频发，内心变得紧张、不安和脆弱，情绪也不是那么稳定，容易焦虑，也容易低落，做什么事情都提不起兴趣，做事都没有动力。每天晚上睡不着觉，白天又睡不醒。对自己缺乏信心，总想努力重新开始，还没开始多久，就开始退缩，然后脑子里就会出现"挂科""毕不了业""保不上研""人生没有了希望"等负能量的想法，这些想法又会影响心情，从而影响行为、影响复习。

那为什么近期这些小想法会接二连三地蹦出来呢？原因很简单，期末考试临近了，考试带给理工科学生的压力可想而知。

在心理学中，压力是心理压力源和心理压力反应共同构成的一种认知和行为体验，压力会影响人们的身心健康，所以明晰压力的来源，并将其控制在适应的范围内，对于我们来说非常重要。有些同学压力来源于父母的期待，有些同学压力来源于自身的要求，有些同学压力来源于环境中的"卷文化"，但是往往同学们不愿意把这些真正的压力来源找到并且进行认同，而固执地和压力源进行对抗，造成心理和生理的伤害。那么我们应该怎样才能减少这些压力对我们的影响？

举个例子，如果压力来源于我们的父母，一定要找个时间敞开心扉谈一谈，必要时可以请辅导员或有权威的长辈、同学等帮助自己，让父母对自己有一个全新的认识。我相信父母是希望孩子有出息的，但是我更相信他们最希望孩子能够身心健康，所以往往我们过于担心和父母之间的沟通，但当你真正耐心而又愿意和他们交流的时候，你会发现他们其实和你想象的并不一样。当获得理解和支持后，你的压力就会变成积极向上的动力，学习起来也会得心应手，但是父母的理解和支持、老师的帮助绝不是自己可以不努力的理由。

如果压力来源于追求完美的自己，那么我们就可以降低对自己的要求，让能力和认知匹配，慢慢提升。小步前进，切勿大步向前，同时可以通过体育锻炼的方式进行放松，比如跑步、打球、爬山、游泳等。还可以与其他的同学多交流，尝试接纳自我，让自己的压力得到缓解。有些时候放下也是一种不错的选择，短暂地放下可以为未来积蓄更多的能量，如果最根本的压力源我们能准确地认识清楚，那么我们就能很好地想办法解决。

期末将至，愿同学们在不断拼搏中实现自己心中的目标。

[文]魏炜

42

摆正心态，迎接期末考试

良好的心态是获得成功必不可少的基本素质。成功其实是一种感觉，可以说是一种积极的感觉，它是每个人达成目标之后一种自信的状态和一种满足的感觉！不少心理学家发现，成功的方法其实非常简单，那就是保持积极良好的心态。

乐观主义者可以从灾难中看到机遇，而悲观主义者却只能从机遇中看到灾难。心态决定命运。在日常学习生活中，每个人都会感到快乐或烦恼。但是为什么有的同学快乐更多，而有的同学烦恼更多呢？那是因为快乐的人善于排解烦恼，有化解消极心态的能力。而愁眉不展的同学也并非命运不公，只是无法正向调节自己的心态，所以快乐也就变成了烦恼。

我们作为数学人，深知在学习数学的道路上，任重而道远，因此在日常学习中，一定要保持良好的心态。学习数学，首先要有自信，要相信自己，其次还要脚踏实地，不能投机取巧，最后还需心静，切勿浮躁。

　　临近期末，面对紧张的复习，同学们很容易浮躁，容易产生坐立不安的感觉。殊不知，越是临近期末，更应心如止水，波澜不惊，脚踏实地地完成复习任务，让自己的心静下来。

　　期末复习要有计划地进行，保持平常心态，不可盲目与他人攀比，否则会使原本急躁的心更急躁，更加不知所措。每个同学的学习情况是不一样的，要学会自己查漏补缺，了解自己的短板，学会制订复习计划，不可人云亦云，没有主见。正所谓"把平常当考试，考试才能当平常"。

［文］张晓峰

43

考研加油，追梦

选择是一次又一次自我重塑的过程，让我们不断地成长，不断地完善。如果说人生是一段不断选择的旅程，那么当千帆阅尽，最终留下的，就是一片属于自己的独一无二的风景。

总有一段岁月光景会在你的青春中留下浓墨重彩的一笔。也许是你毅然决然做出取舍和选择的时刻，也许是你爬出温暖的被窝迎着寒风早起去图书馆埋头看书的时刻，也许是你一边专心汲取知识、一边焦虑担忧掉头发的时刻，是那些不为人知孤独前行的日子，是那些辛苦而又充实的时刻，你成为独一无二的你。

亲爱的学弟学妹们，当你们选择考研的时候，就选择了一条"不那么容易"的路途。可是我知道，那是因为你对于未来有自己的想法和规划，你知道自己想要成为什么样子，你期盼去寻找到一个更好的自己。

所以你用日复一日的坚持去书写自己的选择，你充满勇气、活力与热情，你战胜孤独、焦虑和挫折，你一点一滴地积攒力量，等待那个华丽绽放的时刻。

二十多岁的青春年华总是闪闪发光的，充满了无限的可能与希望。兰之猗猗，扬扬其香。你只管努力，时间都看得到。你每一个翩翩起舞的日子，时光都替你一笔一画记录着。无论结果如何，当你坚定地为自己的梦想付出踏实的奋斗之后，眼前的风景已经和从前不一样了。人生没有无用的经历，只要我们一直向前，就是走在了一条不断向阳生长的人生道路上。心之所向，便是阳光。

[文]张静

44

感到迷茫，应该怎么办

如果有同学被这个问题困扰，我想可以在自我探索上下功夫，更加深入地去认识自己，从而找到自己清晰的定位和目标。

学习数学学科的必要条件是逻辑性思维强，勤奋刻苦，心无旁骛，能耐寂寞，能独立思考，肯下苦功夫钻研，能投入大量时间成本，高度自律，坚持不懈。有同学描述自己大学一二年级专业课成绩不是很理想，但是都能及格，这说明他其实可以完成大学学习的基本要求，但是在追求更高标准的过程中还存在一些认知偏差。这就需要先对自己提出一个明确的目标，对数学的学习想要达到一个什么标准？是完成毕业要求还是深耕于该学科的某个方向？自己对数学学习的兴趣是怎样的，回忆一下这两年的大学学习里有没有很多时候达到一种心流的状态，面对专业课学习的时候自己的态度是怎样的？在学习专业课的过程中，自己表现得怎样？有没有通过主动认知去提升能力？未来的职业是否要用到数学专业课知识和数学学科背景的相关资历？未来想要选择一种怎样的生活方式？经过对以上问题的深刻思考和分析，相信你对自我会有一个重新的认识。目标的制订也会有方向和依据。没有目标的人生，就像断了线的风筝，不知道会飘到哪里。明确的目标会帮助我们做出决定，会指引我们的行为，会有利于我们的自我实现，同时能够消除我们的一些坏情绪，保持轻松的心理状态。明确目标之后，重新审视自己的计划，很多问题都会变得清晰，勇敢断舍离可以减少不必要的时间损耗和心理压力。

目标不明确、自我定位不准确都来源于对自己的探索还不够深入，对自己的兴趣、能力、价值观没有澄清，这样紧要的探索无论在人生的什么阶段进行都是重要的，而且都来得及，同学们可以通过接下来的大学学习去体验、尝试自己感兴趣的领域，充分利用大学的宝贵资源，通过选修课程、朋辈互助、师长访谈、互联网资源等方式不断澄清自我。通过一段时间的积累，你就会决定是不是考研、考什么方向的研究生、要不要去实践、选择什么领域去实践、自己需要做哪些准备工作，这都建立在自己的目标需求和自我了解之上。然后就是行动，如果只是停留在大脑层面，并没有通过行动去检验，那一切还是等于零。通过行动再重新审视和判断，不断完善和调整目标计划，才能推进目标向前发展。想到和做到还是需要通过行动去实现的。

　　同学们拥有美好的青春年华，在现在试错成本很低的阶段，多去尝试，未来将有无限可能。站得高才能看得远，远处风景美好，愿你们能够有更多机会去经历、去磨练。

[文]魏炜

45

如何面对勤工助学中的工作倦怠

职业倦怠是指一个人长期从事某种机械重复的工作产生的疲惫厌倦心理。举个例子：辅导员这份职业是容易产生职业倦怠的。所谓铁打的营盘流水的兵，辅导员的事务性工作较多。育人工作是一个长期的过程，很难在短时间内看出成效。这样会让很多老师有一种挫败感，在心理上产生落差，从而导致身心倦怠和自我否定。面对这样的情况，我们可以通过自身、环境等各方面找寻资源，破解我们的问题。

对于勤工助学来说，勤工助学是一份短暂的助管工作，目标是协助老师处理事务性的工作，工作内容因岗位不同而不同，学校勤工助学的岗位种类不多，性质大致相同。勤工助学的岗位大多是提供锻炼的机会，提升我们的能力。首先你要明确你勤工助学的目的是什么，你想要的是什么。在整个过程中，你想要锻炼哪方面的能力。通过勤工助学的岗位，发现你对重复性的、事务性的工作感到厌倦和疲惫，那么你是不是思考一下，你在这份工作中表现如何，你对这份工作是否感兴趣，做这份工作的价值感体现在哪里？如果以上问题你能思考清楚，就可以做出相应的选择。是继续留任，还是去找另一份工作实践。无论你的选择是什么，我相信只要跟老师说清楚，都会得到理解和支持。

[文]魏炜

46

习惯"躺平"后如何重启

教八楼

近期收到一名同学的提问："躺平"后如何重启呢？在回答这名同学的问题之前，我想先和大家聊聊"躺平"和"躺平"后可能会带来的结果。

近年来，"躺平"逐渐成为网络热词和部分同学的口头语，指的是对学习、工作、生活等无欲无求、不悲不喜、毫不在乎，即便努力可能会有更好的结果，也不做争取。选择"躺平"看似风清云淡、舒适轻松，实则是选择了自我停滞、自我放弃。

人生最大的遗憾不是得不到，也不是已失去，而是我本可以。我本可以多复习一遍从而取得更高的分数，但是我选择了"躺平"；我本可以多一些积累从而获得这次机会，但是我选择了"躺平"；我本可以多一次尝试从而获得成功，但是我选择了"躺平"……更可怕的是，当习惯了"躺平"之后，会逐渐消磨我们的动力，让我们感到消极、无力和迷茫。今天提问的这名同学已经分享了他"躺平"后的体验了，其他的同学就不要再"以身试法"了，已经"躺平"的同学，希望大家能快点重启。

回到这名同学的问题，"躺平"后如何重启呢？我想和大家分享三个关键词：目标、规划和努力。

目标是航灯，给我们指引方向，有目标就有动力，就有希望。如何确定目标，需要我们不断地探索和认识自我，更加深入地了解我们的专业、更加全面地认识社会发展的需要。学院每学期都会邀请专家学者做前沿性研究报告，也会组织学长学姐分享获国奖、保研、求职等方面的经验体会，制作年度就业去向报告，帮助我们更好地了解学科发展态势和深造就业形势。建议同学们充分利用好学院为我们提供的宝贵资源，为自己的大学、乃至为自己的人生树立好奋斗目标。

学会规划也是我们的必修课。实现中华民族伟大复兴是我们全体中国人民的中国梦，在这个宏伟的目标之下，我们制定了中长期规划、五年规划、年度计划等。国家治理如此，个人发展也应如此。在这方面，学校和学院也为我们提供了非常多的帮扶和支持。学习规划方面，组织开展学业帮扶、学霸笔记分享，帮助同学们培养良好的学习习惯，制订明晰的学习计划；生涯规划方面，结合数学学科的特点，开设生涯规划课程，开展"My 思"一小时个体咨询、生活指导室团体辅导等。建议同学们可以关注了解一下，做好自己的人生规划。

最后一个关键词是努力。很多人选择躺平，是因为他们认为努力是没用的，不想努力了。但我想说的是，努力有用，而且非常有用。以前看到一句话，特别赞同，在这里也跟大家分享一下——"如果奇迹有另一个名字，那么它一定是努力"。学数学要耐得住性子，坐得住板凳，希望同学们相信努力的力量，不驰于空想，不骛于虚声，脚踏实地地学习、工作、生活，一定会收获属于我们自己的成果。

[文]张舟

47

如何处理因过于在意他人而产生的负面情绪

今天收到了一位同学的提问，他说自己特别在意别人的行为，比如给朋友发消息得不到回复，就会感到失落。他自己是一个会及时回复消息的人，虽然他知道自己没办法要求别人怎么样，但还是会困在这种情绪里走不出来。到底该如何调整自己的心态呢？

这件事情可以拆解成两个问题，一是他人实际做法的问题，二是我们产生的情绪问题。有很多同学会认为，如果没有一，则不会有二。事实上，未必是这样。心理学中有个情绪 ABC 理论，意思是事件只是引发情绪的间接原因，而引发情绪的直接原因是对事件的认知和评价而产生的信念。回到刚才的情境里，真正让他产生不愉快情绪的，是对朋友没有及时回复这件事情所持的个人信念。个人信念来自哪里呢？也许因为这是他很看重的朋友，所以有很高的期待；又或者他赋予了"及时回复"一个道德品质、亲密关系等

225

更高层面的意义。想想看，如果你给导师发了条关于学业的微信，他没有及时回复，你的情绪应该不是会失落吧？而是紧张、焦虑、忐忑。这也就告诉我们，比起事件本身，个人信念才是影响情绪更重要的因素。

那么情绪容易陷入低落怎么办呢？我的做法一般分为两个阶段，一是源头控制阶段，二是后期补救阶段。所谓源头控制，也就是我们常说的"没有期望也就没有失望"。当然，个人信念不是立刻就能调整过来的，需要特别理性的控制，而且可能需要长期的调整。那么我们也可以控制个人行为，少创造一些让自己陷入低落情境的机会。所谓后期补救阶段需要因人而异，比如，可以做些开心放松的事情，转移注意力。最好是能够挑选一些占据你脑子里的事情，放一下，不想了；也可以尝试着与特定的人说出你的失落情绪，说出来的同时也会放下一些，把问题交给时间，并相信时间能够缓解情绪。最后我想告诉你的是，请接受自己是一个细腻敏感的人，而不要抗拒，更不要厌烦自己。

　　我记得曾看过这样一段话："人的性格千奇百怪，一定会有某些性格是你特别欣赏与羡慕的。但很可惜，这些性格未必为你所拥有。如果你是柠檬，就应该试着去喜欢柠檬的酸味儿，而不是去羡慕水蜜桃的甜美，因为水蜜桃也可能羡慕柠檬的酸。"好好爱自己，才能更好地爱别人，才能更好地理解与包容别人。

[文]郭晓川

第5章

坚守初心，继往开来

48

数学建模

在 2005 年春天，青年教师魏炜提议："我们举办北京师范大学校级数学建模竞赛吧，组织宣传工作由团委学生会全包了，老师们只需负责出题、阅卷和评奖。"刘来福老师马上应承，非常自信地说："我们一定要自主命题。"很快就给出了一道赛题"球门的危险区域"，这应该是多年蕴藏于刘老师心中的有趣问题。何青老师也是一位热衷于数学建模活动的教师，一直主动承担帮助学生参加全国大学生数学建模竞赛的各项组织工作，他给出了另一道赛题"校园网流量分析"。于是，在 2005 年举办了首届北京师范大学校级数学建模竞赛。

当时我是数学建模的"学生"。2002 年春季我给魏炜那一届学生讲授泛函分析课程，下课后又与她们一起奔向刘来福老师的数学建模课堂。在刘老师的指导下，我走进了数学建模，看到了一片新天地！在当年

9 月全国大学生数学建模竞赛期间，我跟着魏炜小组，听她们讨论赛题，我是一头雾水不知所云，明白自己遇到了一个新的挑战。仅凭微分方程的研究经历和物理、生物问题解决的经验远远不够，面对的不仅是概率统计、运筹优化、科学计算等众多从未涉及的数学分支，而且是实际问题与书本之间巨大的沟壑。我只能边教边学，与学生一起成长。

2003 年为校外函授数学建模课程编制了 PPT，将黑板上大篇幅的数学建模案例和数据搬到投影屏幕上，这是我第一次在数学课上采用现代教学方法。我第一次运用 MATLAB 计算编程实现随机现象模拟的动态仿真，将复杂的冗长的模型计算交给计算机，而后在 2004 年本科数学建模课上传授给学生，我觉得这是数学建模最吸引人的地方。与其他数学课程相比，数学建模课程带给我最大的成就感就是学生能力的提高远远超越教师的预期。我只编制了一个短短的程序，解决一个小小的问题，学生可以编出一个长长的程序，解决一个庞大的复杂问题；我只介绍了数学建模的基本步骤和方法，学生就从校级数学建模竞赛冲到全国大学生数学建模竞赛、美国大学生数学建模竞赛；我只与学生共享了一些漂亮的科技论文和获奖的竞赛论文，学生就从每周的作业撰写出发，在一年内完成了足以自傲的数学建模论文中文版和英文版。不同于其他数学课程，数学建模课程不只传授知识和方法，培养数学思维，而且它提供了一个实践创新的机会，学生在每周作业和课程论文中尽情地发挥创造，远比课程闭卷考试展现出更真实的专业水平，挖掘出发现问题、提出问题和解决问题的潜力。数学建模构建了一个合作交流的平台，学生在这里展现出从各门课程学到的知识和获得的能力，反映的是学校整体的教学水平。

第二届、第三届北京师范大学校级数学建模竞赛的自主命题掏空了我和其他接触应用数学研究教师的脑库存，我们必须走出数学楼。我找了学校教务处处长方锦，她给了几个电话号码，告诉我说这几位各院系的教师对数学应用都极有兴趣。于是，随后历届北京师范大学校级数学建模竞赛的自主命题开始一个新的模式，由数学专业之外的专家提供学科前沿问题和数据资料，再与数学专业的教师一起设计数学建模问题及解决方案，编制成适合大学二年级学生参与的竞赛题，赛后出题专家讲评竞赛结果。近二十年来，我们向物理、化学、生物、地理、环境、中文、管理、心理、体育等，几乎所有学科方向征集过赛题。具有北京师范大学专业特色的赛题对学生更具有吸引力，每年近 500 名学生参加了北京师范大学校内数学建模竞赛。不仅让众多的大学生在校期间有过一次数学建模的经历，了解了北京师范大学各个强势学科，而且创造了学科交叉的一个新模式。通过为数学建模竞赛合作命题和共同评阅，数学教师了解到其他学科对数学的最新的应用和需求，有利于数学教学改进；其他学科教师发现了解决实际问题的数学方法且明确其有效性和局限性，有利于学科发展。

北京师范大学校级数学建模竞赛已经成为每年五月校园内一道亮丽的风景，为校园注入了新的活力。

[文]黄海洋

49

2023级新生开学典礼王恺顺院长致辞

亲爱的同学们、老师们：

大家好！在这秋高气爽、硕果飘香的季节，我们在这里举行北京师范大学数学科学学院 2023 级新生开学典礼，共同见证 168 名本科生、249 名研究生加入我们这个温暖的大家庭。我代表学院全体师生，对你们的到来，表示热烈的欢迎！也向培养你们的父母和老师们，表示衷心的感谢！

同学们克服了诸多困难，本科同学在高考中成功展示自我；研究生同学顺利完成本科阶段的学业，向着更高的目标继续前进。你们是同龄人中的佼佼者，来到我国师范教育的最高学府深造，在此向你们表示祝贺！

2019 年，科技部、教育部、中国科学院、自然科学基金委四部门联合制定的《关于加强数学科学研究工作方案》指出：数学是自然科学的基础，也是重大技术创新发展的基础。数学实力往往影响着国家实力，几乎所有的重大发现都与数学的发展与进步相关。党的二十大报告突出强调要加强基础研究。数学的重要性不言而喻，在此，我衷心地祝贺同学们选择了数学！

　　北京师范大学数学学科已有108年的历史，沉淀了优秀的学科传统和学科文化，入选国家211工程、985平台、"双一流"建设学科，是国家基础学科人才培养、科学研究、社会服务的重要基地。学院致力于拔尖人才和卓越教师的培养，制定了一系列举措，为同学们创造优质的学习环境和条件：为本科生设立小班教学，配备学业导师，增加推免直博生指标；为硕士生提供更多的升学机会，增加硕博连读名额；通过一系列奖励办法，支持同学们到境外高水平大学交流和学习。祝贺同学们加入"北师大数学"这个大家庭！

　　2023年9月，在第38个教师节和学校120周年校庆之际，习近平总书记给我校"优师计划"师范生回信，向全体北师大人表达了深切关怀和殷切期望。作为北师大学子，要牢记习近平总书记的嘱托，要义不容辞承担这一重任。你们要立志成为大先生，应当"知之行之，无负今日"。有的同学担心在学业上无法跟得上其他同学，在这里我想引用王梓坤先生的启蒙恩师对他说的话："只要你抓得紧今天，再远的路，你都能赶上。"

同学们，你们在校期间最主要的任务就是学习。本科同学要尽快适应大学集体生活，掌握大学学习规律，充分调动学习的积极性，挖掘自己的学习潜能。研究生同学需要明白，攻读研究生学位需要付出巨大的努力，研究生阶段需要独立进行创造性工作，从大学学习转换到研究生学习，在思想意识和学习方法上，都需要进行改变。学校有许多资源可以使用，多向导师请教，多去图书馆博览群书。用书籍堆成台阶，才能站得更高、更稳。相信同学们在付出艰苦努力之后，一定能够在学业上取得成功。

下面，我代表学院向同学们提四点希望和要求。

一是要遵守规则。大学是放飞梦想的地方，是为国家培养人才的主要场所，是建设社会主义精神文明的重要阵地。同学们应当遵守学校和学院的各项规章制度，要遵守课堂纪律，成为讲文明、讲礼貌的楷模。

二是要富有爱心。爱是伟大的，她可以使整个世界充满阳光。如果没有爱心，不论你的学识多么渊博，都难以真正地为社会作贡献。人与人之间最大的吸引力，不是你的容颜，不是你的财富，也不是你的才华，而是你传递给对方的信赖和踏实、真诚和善良。

三是要善于交流。积极的人际交往，良好的人际关系，可以使人精神愉快、情绪饱满、充满信心。保持乐观的人生态度，有助于你们正确化解学习生活中的各种矛盾，形成积极向上的优秀品质。

四是要志存高远。同学们，你们是国家和民族的希望，在学习方面追求卓越的同时，也要追求精神层面的富裕，丰富精神世界，充实课余生活，树立正确的世界观、人生观、价值观，做一个健康向上、积极有为的社会主义好青年。决定你上限的不是能力，而是格局；一个人的格局大了，未来的路才能更加宽广、更加光明，才能看到更加美好的风景。愿同学们扬起学习的风帆，攀登智慧的巅峰，叩开成功的大门，点燃灿烂的明天。

最后，祝愿同学们志存高远，奋发图强，结交良师，收获益友，在北京师范大学数学科学学院，度过你们人生中最精彩、最难忘的美好时光。

谢谢大家！

[文]王恺顺

50

2023级新生开学典礼教师代表肖杰老师致辞

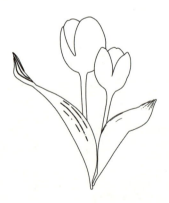

同学们，老师们，我是肖杰老师，1988 年毕业留在北京师范大学数学系当老师，1999 年去了清华大学，三个月前刚回到母校。今天这个会场叫敬文讲堂，我们那时候叫五百座教室，好像现在是四百座。我心头也不由得感慨。我们国家首批博士授予是 1983 年，授予大会在人民大会堂，我作为北京师范大学研究生也参加了。同年我们北京师范大学的首位理学博士陈木法老师正式授予仪式就是在今天的这个会场。我记忆犹新的是那天还来了一位英姿勃发的年轻人，就坐在我们同学的后边，他是当时北京师范大学最年轻的教授陆善镇老师。当时北京师范大学学术交流气氛活跃，我记得也就是在今天这个会场，当时的学术新星刘再复举办讲座，主持人是我们学校历史学名师何兹全先生。那一天人真多，讲台前的地上都坐满了人。想一想当年真好，在校园里走，很容易就遇上钟敬文先生、启功先生、黄祖洽先生这样的大师在我们数学楼前遛弯呢!

我们今天在座的好几百位新朋友差不多同时加入北京师范大学数学科学学院这个大家庭。这促使我想一想,数学究竟有什么好,让我们一路追着它。像我这样的追了一辈子,还没有追上。我想,数学大概有以下几个特点:

第一,数学是自由的。我记得我刚留校任教的时候,班上有一位围棋选手,家长觉得她在围棋比赛上多次获奖,也应该擅长数学。实际上这位同学数学很一般。我觉得学数学与下围棋很不一样。围棋初学者对弈时输赢相差很大,一条大龙就被吃掉了。而高手对弈局面相差极细,经常有相差四分之一子的说法。而数学呢,今天肯定有坐在这里的同学会说,高考数学成绩就相差几分,不然的话就能上北大清华了。数学对于刚进门的人相差无几,考试成绩相差几分已经隔了好几百名。但是你想想几乎同时在普林斯顿高等研究院的冯·诺依曼和魏依尔两位 20 世纪数学大师,他俩在高等研究院里感兴趣的数学几乎没有交集。当然，数学是严格的，你必须有严谨的规范。但是，做什么以及采取什么方法在数学研究前沿都有相当大的自由。有时读到大数学家说的数学是人类自由心灵的荣耀，自己在数学前沿学习时，觉得这并不是虚妄之词，并且无论你做出什么伟大的发现也都不是对前人数学成就的否定。陈省身关于高斯-博内公式的成就并不否定欧氏几何中三角形内角和为 $180°$ 这一成果，而且古今这两项数学成就是交相辉映的。数学研究中自由的特质也往往是其他理科学科所不具备的，比如说实验室里温度记录的突破，只要你突破了，以前的记录就完全可以忘记了。虽然数学研究中充满了竞争，但数学的本质并不是竞争，而是理解和发现，而且我们也应该鼓励年轻人直面竞争，所以在数学科研中更加提倡交流和合作。

第二，数学是公平的。比如你想让孩子学音乐，这就要从娃娃抓起，小提琴有十几级，钢琴也有十级，家里要买琴请家教，实际上普通家庭是培养不起一个专业音乐人才的。你想让孩子踢足球、打篮球，那十岁左右就要送他去专业训练。你看现在 CBA 的年轻球员与外籍球员英语交流没有困难，为什么？我猜就是因为他们早早就被送到国外训练了，普通人家也承担不起。但是，数学不是这样，从明天早上开始，请你把奥数、中学排名统统丢掉吧，甚至都不用管你中学学的数学了。大家清零后面对数学分析和高等代数，现代数学的基础是建立在微积分和线性代数之上的，它对十七八岁的年轻人一视同仁，不管是男是女，不管肤色人种，不管你来自城里还是乡下。它只要你喜欢，只要你付出。在喜爱中学习，在学习中喜爱。我这一辈子，走路、逛街、交朋友，总有受骗上当的时候，但实话实说，数学从没有骗过我。

　　第三，数学是超距的。现代社会，特别是现代科学是高度专业化分工的。学数学也只能走专业化道路，打好扎实的基础，尽快走到前沿。但是，数学在很大程度上是跨地域和跨中心的。你在剑桥大学、哈佛大学理解的伽罗瓦理论并不一定比我在北太平庄的北京师范大学理解的伽罗瓦理论更深刻。但是，如果你是学飞机制造的，你想想如果不在飞机工业发达地区，你就不可能有什么作为。你如果学高能物理，没有对撞实验的基本支撑，你也不行。如今信息发达与方便了，而数学研究要求的基础设施和信息交流是简单的。当然，人与人的当面交流是非常重要的。这正是我们这个职业的优势，在湖边聚会，在山里开会。即便就在城里，好多数学家还要到咖啡馆里聊数学。现在数学中心到处开花，这正好说明数学是不依赖于地域的。关键在于有志同道合的人，特别是年轻人，再加上基本的稳定性条件，就能真正推动学科与教育的发展。如果我们能身临其中，这不就是充实的生活吗？

第四，我看到有不少女生在现场，大概达到一半了。曾经我们有陈旧的思想，觉得学数学女生不如男生，尤其是在数学研究方面。根据这几年我在清华教学的经验，这完全是错误的观念。不仅每年在成绩方面女孩子名列前茅，而且最近几年清华数学科学系涌现多名年轻女教授，她们真正做出了出色的贡献。我想特别鼓励女孩子在数学系学习。退一万步说，一个女孩子在这样的环境下学习，身边到处都是聪明诚实、自信阳光的大男孩，难道不好吗？

明天就是全新的一天，我们都在同一条起跑线上。让我们投入地爱上数学，也不忘自己。让我们开足马力，走在人生的康庄大道上。

［文］肖杰

51

2023 级新生开学典礼学生代表郑德祺同学发言

尊敬的各位老师，亲爱的各位同学们：

大家晚上好！我是数学科学学院 2020 级本科生郑德祺，目前担任我院团委副书记，很荣幸能在这个特殊的时刻与大家相聚，我谨代表数学科学学院的老生们，向各位新生的加入表示热烈的欢迎和诚挚的祝贺！2023 级新生同学们，欢迎大家！

在座的本科同学们都刚刚经历了高考，恭喜你们完成了短期目标。相信大家高考时都有着不同的目标，也许像我一样，是清华、北大，甚至更高学府，也许是其他的学校，但无论是辉煌还是有些许遗憾，都已成为过去。最终，我们来到了北师大的校园，成为京师数科的一员。这里有着上百年的悠久历史，也有辈出的学术大师。从今天开始，我们要面对的是未知的大学生活。我们的中小学生活也许是一条历经波折的曲线，抑或一条一路向上的直线，但在踏入大学那一刻起，我们都站在了新的起点。大学不是高考后的休息站，而是整顿行囊再出发的新征程。在大学，我们将有更多的选择；在大学，优秀也有着更多的定义方式。那么，如何开启一段高质量大学生活呢？

第一，希望大家能够找到热爱，全情投入。

提到热爱，我想说，如果可以的话，请热爱数学。为什么是"可以的话"？三年的本科学习告诉我，数学确实是一门很掉头发的学科，我们在学习数学的过程中，难免会被看上去复杂抽象的知识迷惑心神，抑或被困难的专业课考试难到"破防"。我猜，深夜在图书馆做积分题，学到闭馆才回宿舍，很可能是各位新生不久之后的学习常态。是的，数学如此之难！

同时，数学是绝美的。数学家伽罗瓦在参加必死决斗的前一天晚上，争分夺秒写下代数的绝世理论，只因他无比热爱数学，爱到把人生仅存的时间都留给了数学。数学就是他的缪斯女神。但是我们已经进入了现代社会，大家千万不要学他参加这种决斗，要做个遵纪守法的大学生！

另外，数学是快乐的。我相信大家还可以回忆起高中做出数学最后一道大题的满足感，大学数学更是这样。当看懂一个复杂定理的证明或者完整做出一道难题时，那种快乐更加纯粹。当然，这种快乐可能非常短暂，因为马上就有下一个难题出现。

　　学数学就像一场奇妙的恋爱，想要体验它的绝美与快乐，就需要我们付出真心和努力；想要进一步追求深入的了解，就免不了经历挫折与困惑。我很幸运，与数学修成了一些正果，我曾两次获得国家奖学金和全国大学生数学竞赛初赛一等奖，并在决赛中斩获二等奖。所以请相信数学，它不会辜负每一分努力。

　　第二，希望大家能够积极与老师、同学们交流。数学是一个需要思维碰撞和讨论的学科，困扰你很久的一个问题，往往只需要老师的几句点拨。另外，也可以和身边的同学们多多交流，一个人可能走得很远，而一群人很难走得不远。我还记得大学二年级的暑假我备战建模国赛的过程中队伍每两周会开一个小会，简单讲一下我们学习了什么知识、看了哪些论文等，也会互相鼓励互相支持，最终，我们也获得了全国一等奖。另外，在北京师范大学，大家可以打下坚实的专业基础。我们学院的专业课程非常齐全，老师们的专业水平很高，有丰富的授课经验，通过老师们的讲解，会让你感觉课本上抽象的数学知识和定理变得自然和流畅。如果你希望学习更加深入的知识，或者希望参与学术科研，也可以和老师们多多交流。

第三，希望大家发现大学生活的乐趣。有人说"幽默是生活波涛中的救生圈"，数学虽然是一门严谨的科学，但是我们的学习和生活并不一定要像数学一样严肃，可以给它添加一点幽默的气息，培养自己的爱好，在学习和生活中保持愉快的心情。以我为例，学习之余，我经常会去观看电影，也会写写小说，有时候我也会在新生晚会和毕业晚会上说说相声、唱唱歌。发现生活的乐趣就是调节心情的润滑剂。

最后，再次欢迎大家加入数科大家庭！在学习数学的道路上，希望大家不要轻言放弃，永远敢于尝试，培养自己的核心竞争力，不要被世俗的优秀所定义。在这里无论你选择怎样的发展方向，只要勇毅前行，都可以遇到志同道合的朋友。愿大家能够拥有理想的大学生活，所得皆所求，所行化坦途！

[文]郑德祺

52

如　愿

有人考研为了继续求学，有人考研为了继续校园生活，有人考研为那没有珍惜的三年时光，有人考研为了爱——爱一个人、爱一座城。

而你是为了什么？

当你们不知答案而毅然选择考研的时候，是多么的强大和勇敢。在每一个孤独的日子里只有书本相伴，那种沉浸式的学习让你们沉淀了下来，也让你们成长了起来。在这些不为人知的"苦"日子里，你们收获了很多别人不曾拥有的知识和能力。我一直坚信，只有自己经历了才会成长，只有自己经历了才会明白，很多路需要自己去独立完成。

一直记得一位好友给我的生日礼物，那是一本书——《牧羊少年奇幻之旅》，书中写着：当你真心渴望某样东西时，整个宇宙都会来帮忙。没有什么可以阻拦你，只有你自己。不要等着想清楚、理顺了，再下决心去行动，很多结果是在不顾一切向前冲的时候慢慢明晰出来的，很多意想不到的收获也是在勇往直前挑战自我中达成的，很多能力也是在这一天天冷板凳上的坚持中锤炼出来的。

当你年老的时候，回忆起青年时候这个努力的自己，或许将成为一段佳话，或许将成为一段谈资。所以，你们正是拥有年轻和力量的时候，任何人都是在这平凡的一天天中，成就着一个不平凡的自己。

心之所向，皆可期待，所以，愿你们坚定且上进，愿你们一切皆如愿！

[文]魏炜

53

五四精神，代代传承

1919 年 5 月 4 日，五四运动爆发。在这场中国人民反帝反封建的运动中，以匡互生为代表的北京高等师范学校学生发挥了重要作用。

匡互生当时就读于北京高等师范学校数理部，也就是如今北京师范大学数学科学学院的前身。作为这次伟大学生运动的组织者，匡互生总是走在游行队伍的最前方，用天安门前的呼号坚定了无数青年报效祖国的决心，用赵家楼上的烈火点燃了无数后辈追求真理的希望。著名诗人朱自清这样评价匡互生：他心里那一团火，是热，是力，是光。而在一百年后的今天，这样的火依然在鼓舞和引领着青年们。

习近平总书记说过："中华民族伟大复兴终将在广大青年的接力奋斗中变为现实。"青年是国家和民族的希望，作为青年大学生的我们，应该时刻以五四精神为指引：忧国忧民、热爱祖国、积极创新、探索科学；时刻以匡互生前辈为榜样：胸怀天下、爱国爱民、追求真理、正直坚定。我们身为北京师范大学数学科学学院的青年学生，孜孜不倦探索和追求科学真理本就是我们的职责与本分，尽己所能创新和发展国家基础学科领域更加是我们的使命与担当。甘坐冷板凳，只为心中有报国的热忱；埋头苦钻研，只为肩上有强国的重任！所以，不妨从认真听好每一堂课，细致做好每一道题开始，让青年的我们时刻努力、时刻拼搏！

　　作为一名北师大的学子，我们为拥有匡互生前辈这样的优秀校友自豪无比。同时，青年一代有理想，青年一代有方向，青年一代的心中都燃着理想的火焰，这可能就是匡互生前辈希望看到的，就是匡互生前辈精神在北师大代代延续的最好礼赞！

[文]安宁

54

甘于奉献，勇于担当

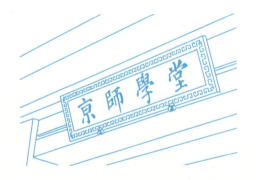

今天，我想和大家分享一位师姐的故事，她就是中国共产党的第一位女党员——缪伯英。

在 1919 年 7 月，缪伯英以长沙市状元的身份考入了北京女子高等师范学校，这里是北京师范大学的源头之一。在大学里，缪伯英受到五四运动的思想影响，积极投入革命的热潮中，与进步青年一起探索救国图强之路。1920 年，在李大钊先生的引导下，21 岁的缪伯英成为了中国共产党第一位女党员，并担任起北京师范大学支部的第一任书记。在入党之后，缪伯英始终奋斗在工人运动、妇女运动和学生运动的第一线，夜以继日地为党的事业奉献出自己的力量。

令人惋惜的是，缪伯英同志没能见证革命的胜利，长期清贫的生活和高度紧张的工作终究是拖垮了她本就不强壮的身体。1929 年，年仅 30 岁的缪伯英突遇伤寒，抢救无效离世。而缪伯英同志在病危时，还曾对丈夫何孟雄说："既以身许党，应为党的事业牺牲，奈何因病行将逝世，未能战死沙场，真是恨事!"她用实际行动向我们证明了，"随时准备为党和人民牺牲一切"不只是入党时宣读的誓词，更是一个共产党人的担当与使命。

回顾缪伯英同志的一生，她舍生忘死的精神令人动容，但我们也要知道，她的这种精神绝不是天生便有的，而是在后天的刻苦学习与饱经磨难中养成的。在大学阶段，缪伯英一直坚持学习革命理论，参加了"马克思学说研究会"，潜心研读《共产党宣言》等书籍，还经常去北京大学聆听李大钊先生关于共产主义理论的课程。我想，正是在这种勤奋努力的学习中，缪伯英同志愈发坚定地树立起自己的信仰，明确了自己奋斗的道路。

如今的我们，有了更加丰富的物质条件，不必再为生计发愁；我们有了更为安全的生活环境，不需要为了自己的信仰付出生命。但是，优渥的条件不应成为我们放松懈怠的理由，而更应是我们勤学报国的动力。我们处在一个和平与发展的时代，同时也面临着许多的困难与挑战，虽不像百年前那般危险困苦，却也有着广阔的空间等着我们去实现报国之志。而我们在大学阶段，唯有认真学习、打好基础，方才能在将来祖国需要我们之时，贡献出自己的力量。

百年之前，缪伯英师姐用短暂却又灿烂的生命，诠释了一位北师大学子的担当与使命。百年后的今天，我们已然成为故事的主角，应当去铭记先辈精神，赓续红色血脉，用我们的实际行动肩负时代重任、谱写报国篇章，践行"学为人师，行为世范"的校训精神，在实现中华民族伟大复兴的征程中奉献青春力量！

[文]周炜轩

55

新时代青年应当为崇高的理想信念而奋斗

2021 年是中国共产党成立 100 周年，在 7 月 1 日的庆祝大会上，习近平总书记发表了重要讲话。在讲话中，关于历史上的中国青年，他指出，"一百年前，一群新青年高举马克思主义思想火炬，在风雨如晦的中国苦苦探寻民族复兴的前途。"

刘和珍生前就读于北京女子高等师范学校，她曾和我们在同一片土地上读书，是你我跨越时空的校友。刘和珍是一位高举火炬的带头人，她倡导同学们剪去辫子，创立学生会，创办报社发表进步刊物，她带领着身边的同学们在黑暗中艰难前行。然而，在 1926 年 3 月 18 日，她倒下了，倒在了去请愿的路上，倒在了段祺瑞执政府乌黑冰冷的枪口下。

习近平总书记指出，"一百年来，在中国共产党的旗帜下，一代代中国青年把青春奋斗融入党和人民事业，成为实现中华民族伟大复兴的先锋力量"。回望历史，无数像刘和珍一样的中国青年为了民族的复兴、国家的强大，奋斗着，奉献着，如今历史的接力棒传到了我们新时代的中国青年手上。

奋斗的人生是幸福的，作为大学生的我们，当然在奋斗着，或许是作业中的一道难题，或许是选修课的一次课堂展示，或许是专业课的期末考试，这诚然是值得肯定的。但我们应该意识到，更重要的不只是作业和考试，自己肩膀上还有更重大的使命等待着我们去担起，还有更重要的事情等待着我们去为之奋斗，或许是扎根基层为人民群众办些力所能及的实事，或许是投身科研一线为祖国的科技发展尽一份力，或许是回到家乡为那里的建设添砖加瓦。正如习近平总书记所说，"新时代的中国青年要以实现中华民族伟大复兴为己任，增强做中国人的志气、骨气、底气，不负时代，不负韶华，不负党和人民的殷切期望。"

未来属于青年，希望寄予青年。我想，我们都应该秉持着这样的理想信念，为了自己的目标和信仰努力奋斗，不负自己，不负青春。

[文]雷芊逸

56

时代变迁，抓住机遇，迎接挑战

我见证了北师大数学系的时代变迁，欣赏过数学楼很多个一年四季，我在这片土地上学习耕耘，这里留下了我太多的回忆。我记得很多在这栋楼里发生的故事，人老了感情也更加丰润了起来，说不清楚也道不明白，但总是怀揣着那么一份美好，希望能越来越好。今天收到娓娓道来的邀请，就给大家讲个小故事吧。

1986 年，我们数学系第一次开办了非纯数学的专业，招收了第一届计算机软件专业的学生。那时候随着改革开放的步伐，微型计算机作为时髦的科技工具被引进来了。学生们在 DOS 系统下，学习计算机语言和数据库等应用软件。那个年代是学习热情高涨的年代，社会上也非常需要懂计算机知识的人才。那时候不仅是计算机专业的学生学习和使用计算机，数学系其他专业的学生也在学习。有一次我在给学生做讲座，我说："我们今天都在人家的系统上学习或应用，我希望你们将来也做出新系统、新软件让我来学习。"时间真快，一转眼从 20 世纪 80 年代就到了现在，科技的进步使得中国强大了起来，只有自强不息创造、创新，才能真正强大。我们国家面临的困难不是短期内就能解决的，要靠多少人踏踏实实地努力工作。也许这就是你们这代人的机遇，这就是时代赋予你们的使命。创造、创新需要多少基础扎实的劳动者，你们学了数学就一定会有用，但首先是要踏踏实实做好眼前的事。

十年前我离开工作了三十多年的数学楼时，心中十分不舍，白天绕着数学楼拍照，晚上又来拍照，我发现教师办公室的灯光都亮着，我们的老师特别勤奋。我觉得没有哪一份成绩不是来自辛勤的工作，你们今天的学习是为了明天的工作。希望你们将来能学以致用，有所作为。

[文]马京然

57

读大学的真正意义

在高中时，大家都有一个共同的目标，那就是考大学，考一所好大学。为了这个目标，人家起早贪黑，虽然有时候觉得又苦又累，但是依然很有干劲。但是上了大学以后，有些同学觉得自己的目标达到了，于是开始"躺平"，慢慢松懈下来。那么上大学到底有何意义呢？今天我们就来谈谈，读大学的真正意义。

2014 年 5 月 4 日，习近平总书记在北京大学师生座谈会上讲话时指出："大学之道，在明明德，在亲民，在止于至善。"这句话出自"四书"之首的《大学》，其大意是：大学的宗旨，在于彰显光明的品德；在于反省提高自己的道德并推己及人，使人人都能改过自新、弃恶从善；在于让整个社会都能达到完美的道德之境并长久地保持下去。

大学是学习知识、开阔眼界的地方。它并不像中学，所学涉及知识面虽广，但是学得很浅，大学所学习的知识更具有专业性，更有深度，对于未来的个人成长和职业发展至关重要。读大学的目的并不只是为了以后可以找一个体面的工作，挣很多钱。大学的真正意义在于让幼稚的思想变得成熟，让浮躁的心态变得沉稳，让浅薄的知识变得厚重。

你们上了大学，慢慢会发现，有足够的时间可以自己支配，校园氛围相对轻松，老师足够包容，也没有家长的束缚，很多事情需要自己去面对，是非曲直需要自己去判断。你们不断地去接触新鲜事物，不断地引发自己的思考，不断地挑战自己，不断地尝试再尝试。在这期间，可能会碰壁，也可能会出错，但是不用担心，因为这就是大学。大学的真正意义就在于不断尝试未知，发现自我，挑战自我，最后突破自我。

大学是青春的殿堂，是梦想启航的地方。在大学期间，可以认识来自五湖四海的同学，收获友情、爱情；可以加入自己感兴趣的学生组织，提升自己的综合能力，实现自我价值。大学的真正意义在于享受青春，不负韶华。

同学们，大学四年对于每一个人的人生都有举足轻重的影响，在这四年中，你的人生观、世界观、价值观逐渐形成，你将会学到很多专业知识，也将为自己未来所从事的工作打下坚实的基础；你将会从一个稚气未脱的青年人慢慢成长为一个有理想信念、有道德情操、有扎实学识、有仁爱之心的社会人。同学们，大学时光很短暂，光阴荏苒，转瞬即逝，愿你们用青春理想，锚定人生航向，好好珍惜和享受大学时光，不负青春，不负梦想！

[文]张晓峰

58

由思想汇报谈起

作为入党积极分子或预备党员，我们每三个月要向组织递交一次思想汇报。在实际工作中，有不少同学对"看视频、听党课、学理论、写感想"的形式不太认同，即使完成了汇报任务，质量也不是很高。

究其原因，主观上，还是没有认真对待写思想汇报这件事情。入党动机不够清晰，没有想清楚为什么要写思想汇报，自然不会有自己的想法。客观上，是网络给了我们便利的条件。在互联网上轻轻松松就能搜索到，比起自己写，抄要省事多了。当然也有一些同学，确实是写东西困难，不知道如何表达；还有一部分同学会担心自己学习不够深入，写得不好。

大家要发自内心地改变自己的想法，把向组织汇报思想当成是一件光荣而有意义的事儿，从而化被动为主动，化"被迫说"为"愿意说"。毛泽东主席曾意味深长地说:"我是靠总结经验吃饭的。"这是老一辈革命家的谆谆教导。思想汇报就如同大家在专业课学习中的小测,能够帮助同学们及时总结一段时间内的经验,从而有针对性地改进自己的不足,或者在原有的基础上有所创新;抑或是促使同学们及时思考所学,从专家导学过渡到个人自学,让党的理论真正入脑入心。对于想入党的同学们,自己写材料不仅能体现对党的忠诚,更是让自己在这个过程中能够有所思考。只有真正去思考,才能够从不同的角度看理论、看政策,从心底里认同党的规章制度、政策法规;也只有花时间思考了,汇报自己思想时才不会那么困难。要及时总结汇报,不能等到党员发展前夕,还在为思想汇报需要集中补的问题烦恼。

在平时的学习生活中,即使没有要求写"思想汇报",及时进行自我复盘反思也是非常有必要的。对于没有小测、期中考试的专业科目,需要更高的主动性,自己阶段性地总结梳理,不要等到期末考试前两天才后悔不已。

[文]童傲磊

59

冬奥，志愿

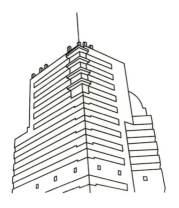

2022 年冬季奥运会是第 24 届冬季奥林匹克运动会，是中国历史上第一次举办冬季奥运会，也是中国继北京奥运会、南京青奥会后第三次举办的奥运赛事，北京成为奥运史上第一个既举办过夏季奥运会又举办过冬季奥运会的城市。

今天是 2022 年 1 月 7 日，97 天前，我作为"相约北京"冬奥测试赛志愿者，第一次在国家奥林匹克公园见到了那个传说中"有感觉、会呼吸、有记忆、会思考"的国家速滑馆——"冰丝带"。

簇新的场馆，洁白的冰面，观众座席点缀着不同的蓝，制冰师和他的团队站在赛道旁检查着冰面……我们与美丽的"冰丝带"相遇，接受了专业的老师带来的志愿者培训课程，进行场馆踏勘、了解场馆大致结构，模拟演练业务领域相关服务，深深感受到，志愿服务冬奥，是光荣，更是一份责任。

2022 年冬季奥运会开幕前，想到即将有机会能在"冰丝带"目睹速度滑冰赛事、见证世界看北京的重要时刻，流淌在血脉中的家国情怀使我澎湃起来。在如此盛大的冰雪宴会中，你我都是一片小小的雪花，遵守场馆要求，参与冬季运动，宣传奥运精神，发扬主人翁精神，为我们的冰雪世界添砖加瓦。

冬奥有我们，手手相牵，为未来喝彩，一起向未来！

中国队加油！中国加油！

[文]陈瑜

60

不负我辈青年人

最近在学院的问题信箱里，收到了很多同学的提问。学业的、生活的、规划的，乃至哲学的。从林林总总的提问中，能感受到大家的热烈、奋进、朝气和青春，我突然就想，青年人应该是什么样子的？

现在的这个时代，信息像扑面而来的狂风，汹涌澎湃；我们的思绪常常被繁杂的声音裹挟，从而对自己的行为有一定影响。在这样一个时代，保持清醒的头脑就变得难能可贵；面对任何一个所谓的"热点"，我们应该保持谦虚谨慎的态度，切勿人云亦云，沦为信息的奴隶。那么，我觉得作为青年人，首要的是应该坚持原则，以一种全面的、辩证的思路去看待问题，拥有独立的、自主的处事态度。

时代在进步，历史的长河滚滚向前。时代之青年，必将在某一天进入社会、登上风云诡变的舞台，肩负起民族和文明赋予的使命。人贵有志，学贵有恒。作为时代的主力军，青年人必须拥有先进的理论素养、扎实的文化知识，秉持"学到老、活到老"的态度，踏踏实实、不断学习进步，成长为有力量的时代建设者，实现自己的人生价值。

青年人，内心会有对未来的万般憧憬，有五彩斑斓的万千颜色。但是，就像诗句所说的"纸上得来终觉浅，绝知此事要躬行"。只有脚踏实地，才能在中国的大地上书写壮丽的诗篇；只有投身实践，才能更清楚地认识自己的能力。去实习、去备考、去志愿、去力行，我觉得只有在行动中，青年人才能变得强健。

在我心中，青年人应该是有自己主见的、不断学习进步的、知行合一的、热情洋溢的。

新学期开始了，我们一起加油吧！

[文]王发强

61

奖学金那些事儿

2021 年末，很多同学的银行账户里都有一些入账，那是因为我们各种奖学金到账了。对于多数同学们来说，奖学金是一种光荣、是一种肯定、是一种收获，也是自己一点点成长、一点点改变的证明。每位同学都希望自己在大学四年期间在各个方面被认可，奖学金是其中对学业成绩的一种肯定。而我想说的是，奖学金所评定的只是一年内的阶段性学业情况，我们探索知识海洋的过程却是永无止境的。要想在学术科研的道路上走得更远，就更需要我们"不畏浮云遮望眼"，在荣誉面前戒骄戒躁，确保学习钻研永不止步。

没有获得奖学金的同学们，你们也不要沮丧，或许你们是集体的热心服务者，或许你们是多才多艺的文艺达人，或许你们还是已经保了研的学霸……大家同样肯定与欣赏你们。而在努力争取奖学金的过程中，你们就在不断地变好。奖学金只是一个"刺激"我们前行的方式，一个证明自己专业学习能力的平台。这次没有，我们就努力去争取下一次。在数学学习的道路上，需要一种矢志不渝的执着追求，需要一种百折不挠的顽强精神。只有保持定力，做到"咬定青山不放松"，我们才能离自己的目标更近一步。只要你们一直向着更好的自己出发，拿到奖学金那样的荣誉不过是时间早晚的事儿。

再过几天假期马上就要到啦，希望同学们科学、愉快地使用自己的奖学金，也希望大家再接再厉，在明年继续冲击学业的高峰！

［文］童微磊

62

合理规划寒假生活，充实度过每一天

同学们，辞别了一年的忙碌与辛苦，我们将在新春的喜悦中迎来一段短暂的休憩时光。在开心之余，大家有没有想过，该如何规划才能使假期变得更充实有意义呢？在这里我想和大家分享几个关键词。

第一个关键词是"调整"。经过一个学期紧张的学习和考试，同学们难免会变得疲惫，因此，寒假我们可以暂时卸下沉重的学业负担，利用这段时间来放松自己的心情，调整自己的状态。

第二个关键词是"陪伴"。进入大学，我们与父母相伴的时间比之前少了许多，但是千山万水阻隔不了我们的亲情，父母一直牵挂着我们，我们也时刻思念着父母，寒假返乡，又正逢新春佳节，万里相思人团圆，在团圆的日子里，好好陪陪我们的父母，好好陪陪时刻惦记着我们的亲人。

第三个关键词是"充电"。寒假也要适当给自己"充电"，我们应该根据自己的规划，看到自己的长处和不足，要有针对性地学习，利用寒假，将课堂上学不到的、学不懂的知识补回来，用宝贵的时间和精力取得学业上的进步。

最后一个关键词是"走出去"。走出书本，走出自己的小圈子，到需要我们的地方去，去参加社会实践活动增长阅历，去参加志愿服务活动温暖他人。社会实践和志愿服务不仅能够提升我们的综合素质，而且还能提升我们的专业技能。社会实践和志愿服务也是我们学习、成长的第二课堂，通过广泛参与社会实践，可以提升我们的适应能力、交际能力以及独立生存的能力。同时，通过社会实践，我们还可以更加深刻地了解国情、民情，产生强烈的责任感和使命感，为今后进入职业生涯提前做好准备。走出去，走出舒适慵懒的温室，加强体育锻炼，选择适当的运动，跑跑步、打打球，保持健康的作息。

最后，希望大家根据自身情况，合理规划寒假生活，充实、有意义地度过每一天，提前预祝大家假期愉快，新春大吉！

[文]张晓峰